EK   4,-

Yoga-Küche

Yoga-Küche

CHAKREN IN BALANCE

**VEGETARISCHE REZEPTE FÜR
KÖRPER, GEIST & SEELE**

Fotos von Lisa Cohen

DK

ALLE REZEPTE IN DIESEM BUCH SIND:

- vegetarisch
- glutenfrei
- frei von raffiniertem Zucker

VEGAN:

Alle Rezepte, die vollkommen ohne tierische Produkte auskommen,
sind im Buch mit **V** gekennzeichnet.

EINFÜHRUNG

Willkommen in der *Yoga-Küche!* Dieses Buch wendet sich keineswegs nur an Yogis, die regelmäßig auf der Matte stehen. Es ist vielmehr für alle gedacht, die sich ausgeglichen und voller Energie fühlen möchten, indem sie sich gesund und ausgewogen ernähren, sprich: vegetarisch und ohne Gluten sowie raffinierten Zucker. Sämtliche Rezepte in diesem Buch stärken das Körperzentrum und sorgen für ein ausgewogenes Zusammenspiel zwischen Körper, Geist und Seele. Ich folge dabei dem yogischen Prinzip, die Ernährung als einen Baustein zu ganzheitlicher Gesundheit betrachten. Indem wir das Richtige essen, können wir unser gesamtes Sein unterstützen und in Einklang bringen.

Die Kapitel in diesem Buch orientieren sich an dem uralten Chakrensystem der yogischen Lehren, das vor über 4000 Jahren in Indien entwickelt wurde und von dort in den Westen gelangte. Man kann die Chakren als Körperpunkte beschreiben, in denen verschiedene spirituelle, geistige, emotionale und physische Elemente unseres Ichs beheimatet sind. Die Chakrenlehre hilft dabei, eine Verbindung zwischen innerer und äußerer Welt herzustellen und beide in Balance zu bringen. In jedem Buchkapitel steht ein Chakra im Mittelpunkt: Erden (Wurzelchakra), Fließen (Sakralchakra), Beleben (Nabelchakra), Nähren (Herzchakra), Stärken (Halschakra), Beruhigen (Stirnchakra) und zuletzt Reinigen (Kronenchakra).

Die Rezepte in jedem Kapitel sind so ausgelegt, dass sie unterschiedliche gesundheitsfördernde Wirkungen auf die verschiedenen Teile unseres Körpers haben. Konzentrieren Sie sich beim Lesen daher als Erstes darauf, herauszufinden, wie Sie sich gerade fühlen. Wonach verlangt Ihr Körper in diesem Moment? In welche Richtung möchten Sie sich persönlich weiterentwickeln? Das wird Sie zu dem Kapitel mit den Rezepten führen, die Sie gerade brauchen. Durch das Buch zieht sich eine Grundüberzeugung: Wenn wir uns auf unsere Bedürfnisse konzentrieren und unser Essen entsprechend auswählen, dann werden wir mit Ausgeglichenheit, Energie und Glück belohnt.

Was mich zu diesem Buch inspiriert hat, ist zum einen meine eigene Yoga-Praxis. Zum anderen ist es die Erfahrung, dass sich Yoga und Naturheilkunde an vielen Stellen überschneiden und ergänzen.

Ich glaube daran, dass wir im Inneren beginnen müssen, wenn wir unsere Gesundheit wirksam verbessern möchten. Erst wenn Geist, Körper und Energie eine Einheit bilden, wird auch Heilung möglich. Bloßes Wissen ohne das entsprechende Handeln reicht nicht aus, aber es bringt auch nichts, blindlings irgendwelche Veränderungen anzustoßen, ohne zuerst zu begreifen, was eigentlich getan werden muss. Erst die Kombination von Verstehen und Handeln führt zu Gesundheit und wirksamer Veränderung. Zudem muss gute Ernährung in Einklang mit unseren emotionalen Bedürfnissen und unseren Körperfunktionen stehen.

In diesem Sinn: Beschäftigen Sie sich mit der Yoga-Küche und probieren Sie aus, nach ihren Prinzipien zu essen! Ich wünsche Ihnen, dass Sie sich dadurch voller Energie, ausgeglichen und glücklicher fühlen.

SO NUTZEN SIE DIESES BUCH

Die *Yoga-Küche* ist in sieben Kapitel unterteilt, die jeweils ein Chakra in den Mittelpunkt stellen, also eines der yogischen Energiezentren des Körpers. Die Rezepte sind so angelegt, dass sie das jeweilige Chakra sowie die damit verbundenen Körperteile und -systeme stärken und ins Gleichgewicht bringen sowie unsere dazugehörigen emotionalen Bedürfnisse befriedigen.

Das Ziel ist es, vom Wurzelchakra im Kapitel »Erden« bis zum Kronenchakra im Kapitel »Reinigen« aufzusteigen. Dabei unternehmen wir nicht nur eine Entdeckungsreise durch das eigene Ich, sondern können auch unserem Wunsch-Ich ein gutes Stück näher kommen. Je größer die Aufmerksamkeit, die wir den einzelnen Energiezentren schenken, desto besser wird es uns gelingen, die Aspekte in uns zu stärken, die uns zu dem machen, was wir sind und sein wollen.

Erden

Verortung im Körper:
Am unteren Ende der Wirbelsäule.

Geistige Qualitäten:
So wollen Sie sich fühlen: sicher, voller Energie, ausgeglichen, lebendig und leidenschaftlich.

Emotionale Bedürfnisse:
Das brauchen Sie gerade: das Gefühl, Ihren Platz gefunden zu haben und dazuzugehören. Sie benötigen einen Rückzugsort, die Rückbesinnung auf Ihre Wurzeln und auf ein Zuhause. Die Rezepte dieses Kapitels sorgen dafür, dass Sie mit Ihrem Körper in Verbindung kommen und sich erden.

Fließen

Verortung im Körper:
Eine Handbreit unter dem Bauchnabel.

Geistige Qualitäten:
So wollen Sie sich fühlen: Die Lebenssäfte durchströmen Sie ungehindert. Sie empfinden Begeisterung und Selbstvertrauen.

Emotionale Bedürfnisse:
Das brauchen Sie gerade: das Gefühl, dass Bewegung in Ihr Leben kommt, dass Wachstum und Veränderung stattfinden. Aktuell fühlen Sie sich erschöpft und kraftlos, und die Verdauung funktioniert nur träge. Alle Rezepte in diesem Kapitel bringen die Energie in Ihren Verdauungs- und Fortpflanzungsorganen wieder in Fluss.

Beleben

Verortung im Körper:
Im Zwerchfell, zwischen Bauchnabel und Herz.

Geistige Qualitäten:
So wollen Sie sich fühlen: voller Energie und Tatendrang, fröhlich und optimistisch.

Emotionale Bedürfnisse:
Das brauchen Sie gerade: Willenskraft und das Gefühl, etwas verändern zu können. Die Rezepte dieses Kapitels geben Ihnen dafür die Kraft und stärken Ihren Willen, den richtigen Weg auszuwählen.

Nähren

Verortung im Körper:
Im Herzen.

Geistige Qualitäten:
So wollen Sie sich fühlen: genährt, geliebt, natürlich, jugendlich, verjüngt und intelligent.

Emotionale Bedürfnisse:
Das brauchen Sie gerade: Dankbarkeit und Fürsorglichkeit. Diese Rezepte wecken in Ihnen den Wunsch nach Geselligkeit und das Bedürfnis, für andere zu sorgen. Bereiten Sie die Gerichte voller Liebe zu und teilen Sie sie mit anderen.

Stärken

Verortung im Körper:
An der Halsbasis.

Geistige Qualitäten:
So wollen Sie sich fühlen: ruhig, gelassen und durch nichts zu erschüttern.

Emotionale Bedürfnisse:
Das brauchen Sie gerade: die Fähigkeit, offen sprechen und im Einklang mit sich selbst leben zu können, und zwar in Ruhe und Gelassenheit. Sie wünschen sich Harmonie zwischen Körper und Geist. Bereiten Sie diese Rezepte zu, wenn sich Kopf und Herz im Widerstreit befinden.

Beruhigen

Verortung im Körper:
In der Mitte der Stirn.

Geistige Qualitäten:
So wollen Sie sich fühlen: fokussiert, ruhig, klug, logisch und weise.

Emotionale Bedürfnisse:
Das brauchen Sie gerade: Selbstreflexion und Weisheit. Bereiten Sie diese Rezepte zu, wenn Sie Ihrer Fantasie auf die Sprünge helfen möchten oder Sie eine neue Perspektive auf Ihr Leben gewinnen wollen.

Reinigen

Verortung im Körper:
Am Scheitelpunkt des Kopfes.

Geistige Qualitäten:
So wollen Sie sich fühlen: pur, rein, leicht, kraftvoll, mit einem sicheren Bewusstsein für die eigene Mitte und tieferen Verständnis Ihrer Persönlichkeit.

Emotionale Bedürfnisse:
Das brauchen Sie gerade: das Gefühl von Reinheit und frischer Energie. Wählen Sie diese Rezepte, wenn Sie Ihr Leben geradliniger und schlichter gestalten möchten und sich nach Klarheit sehnen.

YOGA
UND ICH

Aufgewachsen bin ich in einer italienisch-britischen Familie in Australien. Meine sizilianische Großmutter hatte eine Vorliebe für einfache, gesunde Küche, und was sie kochte, schmeckte großartig. Sie brachte mir bei, die Gerichte zuzubereiten, die in unserer Familie schon seit Generationen auf den Tisch kamen. Während ich unter ihrem wachsamen Blick Kochen lernte, verinnerlichte ich ganz nebenher auch die Prinzipien ihrer traditionellen Küche.

Doch es sollte eine Zeit lang dauern, bis ich auf die Idee kam, meine Leidenschaft fürs Kochen und Essen in den Mittelpunkt meiner beruflichen Laufbahn zu stellen. Zunächst machte ich nach vierjährigem Studium meinen Abschluss in Naturheilkunde an der Southern School of Natural Therapies und behandelte etliche Jahre lang Patienten, die mit Gesundheitsproblemen wie Übergewicht, Unfruchtbarkeit, hohem Blutdruck und verschiedenen Krebsarten zu mir kamen. Während dieser Zeit begriff ich allmählich, dass der Körper untrennbar mit seinem Umfeld verbunden ist und welche Bedeutung der Ernährung zukommt. Um mein Verständnis für diese Zusammenhänge zu vertiefen, spezialisierte ich mich auf Ernährung und Pflanzenheilkunde.

Im Alter von 24 Jahren gewann allerdings meine Neugier auf den Rest der Welt die Oberhand, und wie viele andere junge Australier machte ich mich auf ins Unbekannte. Ich landete in den sanften Hügeln des Chianti in der Toskana. Nachdem ich dort acht heiße Sommermonate genossen und mich nach Herzenslust durch die guten italienischen Lebensmittel probiert hatte, ging es weiter in die französischen Alpen, wo ich für zwei Saisons als Köchin in einem Chalet anheuerte – bis mich die Liebe nach London brachte. Hier wurde ich Privatköchin in einem Haushalt in Notting Hill und setzte meine kulinarische Entdeckungsreise in der britischen Hauptstadt fort.

Meine ersten Yoga-Erfahrungen sammelte ich erst, als mich eine Freundin zu ihrem Poweryoga-Kurs mitnahm. Nachdem ich eine Stunde lang die schweißtreibenden Positionen und Dehnungen mitgemacht hatte, fiel ich erschöpft auf die Matte. Ich fühlte mich vollkommen erschöpft, aber gleichzeitig unfassbar lebendig. Irgendwie hatte ich Frieden, gute Laune und innere Klarheit gefunden, während ich mich durch die Abfolge uralter Haltungen bewegte. Von diesem Moment an ließ mich Yoga nicht mehr los, und diese Erfahrungen mündeten in die Eröffnung der *Retreat Cafés* in etablierten Yogastudios, in denen ich gesunde, vegetarische Gerichte anbiete. Inzwischen sind ein Lieferservice und eine weltweite Kette von Yoga-Retreats hinzugekommen.

NATUR-HEILKUNDE

Die Naturheilkunde basiert auf der Einsicht, dass der menschliche Körper starke Selbstheilungskräfte besitzt. Behandelt man ihn ganzheitlich, dann ist es möglich, an der Wurzel der Beschwerden oder Krankheiten anzusetzen, statt nur an einzelnen Körperpartien oder den Symptomen herumzudoktern. Die Heilkräfte der Natur, auch bekannt als *medicatrix naturae*, bilden das grundlegende Prinzip der Naturheilkunde und wurden von Hippokrates vor über 24 Jahrhunderten niedergelegt. Der griechische Arzt betrachtete Gesundheit als Ausdruck des harmonischen Gleichgewichts zwischen der Natur des Menschen, seiner Umwelt und seiner Lebensweise und hielt fest, die Natur sei der beste Arzt.

Naturheilkundler glauben, dass Gesundheit nur möglich ist, wenn man im Einklang mit der Umwelt und in Verbindung mit den Energien des Universums und der umgebenden Natur lebt. Die physischen, geistigen, emotionalen und spirituellen Kräfte des Menschen werden als Ganzes betrachtet.

Zentral für die naturheilkundliche Betrachtung des menschlichen Körpers ist die Vorstellung von einer vitalen Lebensenergie – es ist dieselbe, die auch das gesamte Universum und die Natur durchströmt. Ist diese Energie erschöpft, so wird der Körper krank. Naturheilkundler versuchen daher, Patienten diese Lebensenergie zurückzugeben, sodass sich der Körper selbst heilen kann. Darüber hinaus lässt sich die Gesundheit durch richtige Ernährung, Erholung, Sonnenschein, ausreichende Flüssigkeitszufuhr und gelegentliches Fasten erhalten.

ANMERKUNGEN ZU DEN REZEPTEN

AKTIVIERTE NÜSSE

Nüsse zu aktivieren bedeutet nichts anderes, als sie in Wasser einzuweichen, damit der natürliche Keimprozess in Gang gesetzt wird. Sie reagieren dann genau wie andere Samen damit, sich mit all den Nährstoffen anzureichern, die für das Wachstum der neuen Pflanze notwendig sind. Dieser geheime Trick von Mutter Natur lässt sich wunderbar für eine gesunde, nährstoffreiche Küche nutzen, und er bietet unendliche Einsatzmöglichkeiten. Es ist sehr einfach, Nüsse selbst einzuweichen (s. S. 19), aber man kann aktivierte Nüsse auch kaufen (z. B. im Internethandel). In diesem Buch tauchen sie in etlichen Rezepten auf.

BIO

Kaufen Sie möglichst Bio-Zutaten, vor allem bei Obst und Gemüse, das sich nur schlecht waschen lässt, wie Brokkoli oder Erdbeeren. Wenn Zitrusfrüchte mit Schale verwendet werden, sollten sie auf jeden Fall Bio-Qualität haben. Auch bei Eiern empfehle ich Bio, und Gleiches gilt für Zutaten mit sehr stark schwankender Qualität wie Matchapulver.

HONIG

Honig wird heute häufig vor dem Abfüllen erhitzt und gefiltert, das trifft vor allem für Importe aus dem Ausland zu. So landet ein Produkt im Glas, dem die wertvollsten Inhaltsstoffe fehlen und das keinen höheren Nährwert hat als jedes andere hoch verarbeitete Süßungsmittel. Im Gegensatz dazu kann Honig, der nicht über 40 °C erhitzt wurde, bis zu 80 für die menschliche Ernährung günstige Inhaltsstoffe aufweisen. Außer Glukose und Fruktose enthält Honig sämtliche B-Vitamine, außerdem Vitamin A, C, D, E und K sowie die Mengenelemente Magnesium, Kalzium, Natrium, Kalium, Chlorid, Schwefel, Phosphor und die Spurenelemente Eisen, Jod, Kupfer und Mangan. Außerdem gehört Honig zu den Lebensmitteln mit dem höchsten Enzymgehalt und enthält darüber hinaus Hormone, antimikrobielle und antibakterielle Substanzen. Man sagt ihm zudem probiotische Eigenschaften nach, die eine gesunde Darmflora und damit die Verdauung fördern. Es lohnt sich daher, in erstklassigen Honig zu investieren und ein rohes (nicht erhitztes und gefiltertes) Produkt zu kaufen. Am besten beziehen Sie Ihren Honig direkt vom Imker. Falls das nicht möglich ist, greifen Sie im Supermarkt oder Bioladen zu Biohonig oder regionalem Imkerhonig. Als vegane Alternative verwende ich in meinen Rezepten auch gerne Ahorn-oder Kokosblütensirup.

HIMALAJASALZ

Ich empfinde den Geschmack von Himalajasalz als weniger salzig als den von Meersalz und benutze es daher in Gerichten, die nur einen leicht salzigen Akzent bekommen sollen. Himalajasalz enthält alle 84 Elemente, die auch im menschlichen Körper vorkommen. Salz ist wichtig, um den Wasserhaushalt des Körpers zu regulieren. Es hält den pH-Wert der Zellen, insbesondere im Gehirn, im Gleichgewicht, trägt zu einem gesunden Blutzuckerhaushalt bei und reduziert die typischen Alterungsspuren.

MEERSALZ

Ich benutze Maldon-Meersalzflocken, weil ich ihr spezielles Aroma liebe, aber Sie können auch jedes andere Meersalz verwenden. Machen Sie allerdings einen großen Bogen um gewöhnliches Tafelsalz, denn hier handelt es sich um ein hoch verarbeitetes Produkt, das keine natürlichen Nährstoffe mehr enthält.

KALTGEPRESSTES KOKOSÖL

Falls Ihnen die leicht süßliche Kokosnote dieses Öls nichts ausmacht, dann zahlen Sie bei jeder Verwendung ordentlich Guthaben auf Ihr Gesundheitskonto ein. Kokosöl gehört zu den hitzestabilsten Ölen (erhitzbar bis etwa 190 °C). Obwohl es viele gesättigte Fettsäuren enthält, hat es gesundheitliche Vorteile: Diese gehören größtenteils zu den gesunden mittelkettigen Fettsäuren, die leicht verdaulich sind und in der Leber sofort in Energie umgewandelt werden – ähnlich wie Kohlenhydrate, aber ohne den Insulinschub. Kokosöl regt den Stoffwechsel an und hilft dem Körper, die Fettreserven für den Energiehaushalt zu nutzen. Falls Sie kein natives Kokosöl bekommen, dann verwenden Sie stattdessen zum Kochen Olivenöl. Das sollte allerdings nicht über 130 °C erhitzt werden, sonst beginnt es zu rauchen.

OLIVENÖL EXTRA VERGINE

Ich benutze immer natives Olivenöl extra, denn es besitzt einen hohen Anteil einer einfach ungesättigten Fettsäure (Ölsäure), die den Cholesterinspiegel senkt, weil sie die Aufnahme von Cholesterin aus der Nahrung blockiert. Das Öl wirkt daher günstig auf das Herz-Kreislauf-System. Außerdem unterstützt es die Verdauung, weil es Leber, Galle und Bauchspeicheldrüse anregt. Zudem enthält es entzündungshemmende und antioxidative Inhaltsstoffe. (Mein Olivenöl beziehe ich übrigens von einem Gut in der Toskana, auf dem ich zwei Jahre gelebt habe: www.patrignone.com.)

GEFILTERTES WASSER

Ich empfehle, zum Kochen nur gefiltertes Wasser zu verwenden. Durch das Filtern wird unter anderem ein Teil der Schwermetalle entfernt, und ich finde außerdem, dass das Wasser gefiltert besser schmeckt.

AVOCADO

Mir schmecken Avocados der Sorte Hass am besten: Sie haben reif eine wunderbar cremige Konsistenz und einen leicht nussigen Geschmack. Zu erkennen sind sie an ihrer narbigen Schale, die so dick ist, dass man die Früchte problemlos auslöffeln kann.

EIER

Wählen Sie am besten Bio-Eier, denn die stammen immer von frei laufenden Hühnern. Sie erkennen sie an der ersten Ziffer des aufgedruckten Codes (siehe Liste unten). Wenn nicht explizit anders angegeben, habe ich immer Eier der Gewichtsklasse M verwendet. Schwangere oder empfindliche Personen wie kleine Kinder oder ältere Menschen sollten um Gerichte mit rohen oder nicht durchgegarten Eiern einen Bogen machen.

Kennzeichnung von Eiern:
0 Ökologische Erzeugung
1 Freilandhaltung
2 Bodenhaltung
3 Käfighaltung
DE/AT/CH Herkunftsland (Deutschland, Österreich, Schweiz)
0123456 Herkunftsbundesland (erste 2 Ziffern) und Nummer des Betriebs

GARTEMPERATUREN UND GARZEITEN

Ich arbeite immer mit einem Umluftbackofen. Falls Ihr Gerät keine Umluftfunktion besitzt, dann erhöhen Sie die Ofentemperaturen für Ober-/Unterhitze einfach um 15–20 °C. Da die Garzeiten je nach Gerät variieren, sind sie lediglich als Anhaltspunkt zu verstehen.

FRISCHE ZUTATEN VORBEREITEN

Frisches Obst und Gemüse und frische Kräuter sollten immer gewaschen, und wenn nötig, geschält werden. Wenn die Schale essbar ist, können Sie sie dranlassen und sich dadurch eine Extraportion Ballaststoffe gönnen.

LÖFFELMASSE

Wenn Mengen in Löffeln angegeben sind, dann sind immer gestrichene Löffel gemeint.
1 TL = 5 ml, 1 EL = 15 ml.

GRÖSSEN VON OBST UND GEMÜSE

Gemeint sind immer durchschnittlich große Exemplare von Obst und Gemüse, wenn nicht ausdrücklich anders angegeben.

Erden

Die Rezepte in diesem Kapitel stellen rustikal-erdige Gerichte und pflanzliche Proteine in den Mittelpunkt. Dafür schöpfen sie aus dem ganzen wunderbar ballaststoffreichen Angebot an Knollen und Wurzeln. Damit der menschliche Körper wachsen und gedeihen kann, braucht er Nahrung aus der Erde. Diese Rezepte schaffen eine solide Grundlage für Gesundheit und Wohlbefinden ein Leben lang. Der Sanskritbegriff für das entsprechende Chakra lautet *muladhara*, Wurzel. Das Wurzelchakra verankert uns im Körper und verbindet uns mit der Umwelt und der Erde, denn der menschliche Geist kann unverwurzelt genauso wenig überleben wie eine Pflanze. Dabei ist mit »Wurzeln« nicht nur unsere Herkunft gemeint, sondern alles, was wir zum physischen Überleben brauchen: was wir essen, trinken, atmen und hören.

Heutzutage fühlen sich viele Menschen nicht mehr in ihrem Körper beheimatet. Viele von uns kennen das: Immer wieder essen wir zu viel oder zu wenig, bringen uns um den gesunden Schlaf und putschen uns dafür künstlich auf, um in unserer hektischen Gesellschaft Schritt halten zu können. Diese Entfremdung vom Körper schadet uns enorm, weil wir dadurch die Verbindung zu unseren Wurzeln verlieren. Wir müssen dafür sorgen, dass der Körper mit der Erde verbunden ist, damit wir überleben und gesund bleiben. Nur wenn wir es schaffen, uns zu erden, fühlen wir uns sicher, lebendig, in unserer Mitte angekommen und mit unserer Umwelt im Einklang.

Oben: Gewürzmandelmus **Unten:** Haselnussmus

AKTIVIERTE NÜSSE

Um Nüsse zu aktivieren, einfach die gewünschte Menge in einer Schüssel mit gefiltertem Wasser bedecken. Eine Prise Meersalz zufügen und die Nüsse bei Zimmertemperatur 8–12 Stunden oder über Nacht einweichen. Sie sind nun aktiviert und können, falls nötig, wieder getrocknet werden. Dazu den Backofen auf niedrigster Stufe vorheizen, die Nüsse in einem Sieb abtropfen lassen, auf einem Backblech verteilen und im Ofen trocknen lassen.

GEWÜRZ-MANDELMUS

V ERGIBT 450 ML

Dieses Mandelmus habe ich immer vorrätig. Einfach ein bisschen davon auf ein paar Apfelschnitze geben – fertig ist der perfekte Snack!

500 g rohe Mandeln, aktiviert
½ TL Meersalz
½ TL gemahlener Piment
½ TL gemahlener Zimt
Mark von 1 Vanilleschote

Den Backofen auf 160 °C (Umluft) vorheizen und die Mandeln darin in 15–20 Minuten rösten.

Mandeln und Salz in einer Küchenmaschine oder im Mixer mit der Pulsfunktion zu feinkrümeliger Konsistenz zerkleinern. Jetzt Gewürze und Vanillemark zugeben und alles mixen, bis das Mandelöl austritt und sich eine Paste bildet. Dabei die Masse zwischendurch immer wieder von den Wänden des Geräts nach unten schaben.

Etwa 1 Minute bis zur gewünschten Konsistenz weiter pürieren. Das Mandelmus in ein sauberes Schraubdeckelglas füllen. Es hält sich im Kühlschrank etwa 1 Monat.

HASELNUSS-MUS

V ERGIBT 450 ML

Nussmus ist eine wunderbare Proteinquelle. 100 g rohe Haselnüsse liefern ganze 15 g Eiweiß. Wenn Sie Lust haben, können Sie das Haselnussmus durch rohes Kakaopulver ergänzen und Ihren eigenen Schokoaufstrich mixen. Diese gesunde Süßigkeit darf bei mir nie ausgehen!

500 g rohe Haselnüsse, aktiviert
1 EL rohes Kakaopulver (nach Belieben; zur Weiterverarbeitung zu Schoko-Nuss-Aufstrich)

Den Backofen auf 160 °C (Umluft) vorheizen und die Haselnüsse darin 15–20 Minuten rösten.

Die Haselnüsse in einer Küchenmaschine oder auch im Mixer mit der Pulsfunktion zu feinkrümeliger Konsistenz zerkleinern. Nach Belieben das Kakaopulver dazugeben und alles mixen, bis das Nussöl austritt und sich eine Paste bildet. Dabei die Masse zwischendurch immer wieder von den Wänden des Geräts nach unten schaben.

Das Mus etwa 1 Minute bis zur gewünschten Konsistenz weiter pürieren. Das Haselnussmus in ein sauberes Schraubdeckelglas füllen. Es hält sich im Kühlschrank etwa 1 Monat.

SÜSS-KARTOFFEL-SCONES ⓥ

FÜR 8 STÜCK

Wurzeln und Knollen sorgen gleichzeitig für eine süße und eine herzhafte Geschmacksnote. Außerdem machen sie das Gebäck schön saftig und binden gut – die perfekte Zutat für gesunde Rezepte. Lassen Sie Ihrer Kreativität einfach freien Lauf und probieren Sie viele unterschiedliche Sorten aus!

90 g gemahlene Mandeln
2 TL Backpulver
35 g Buchweizenmehl
1 Prise Meersalz
½ TL gemahlener Zimt
½ TL gemahlener Ingwer
½ TL frisch geriebene Muskatnuss
1 Ei
180 g Süßkartoffeln, gekocht oder
    gedämpft und püriert
Mark von 1 Vanilleschote
½ TL Ahornsirup
30 g Walnusskerne, grob gehackt,
    plus gehackte Walnusskerne zum
    Garnieren

Den Backofen auf 180 °C (Umluft) vorheizen. Ein Backblech mit Backpapier belegen.

Gemahlene Mandeln, Backpulver, Buchweizenmehl, Salz und Gewürze in einer Schüssel mischen.

In einer kleineren Schüssel das Ei mit Süßkartoffelpüree, Vanillemark und Ahornsirup zu einer glatten Masse verrühren. Die Mischung zu den trockenen Zutaten geben und alles gründlich verrühren. Zuletzt 30 g gehackte Walnüsse unterheben.

Mit einem Eisportionierer Kugeln von der Masse abstechen und auf das Blech setzen. Die Scones mit den übrigen gehackten Walnüssen bestreuen und im vorgeheizten Backofen 15–18 Minuten backen, bis sie aufgegangen und goldbraun sind und beim Klopfen auf die Unterseite hohl klingen.

Das Blech aus dem Ofen nehmen und das Gebäck darauf abkühlen lassen. Die Scones in einem luftdichten Behälter aufbewahren.

DUKKAH-EIER MIT BOHNEN-AVOCADO-MUS

FÜR 2 PERSONEN

Um beschwingt in den Tag zu starten, gibt es keine bessere Kombi als die von Nüssen und Eiern. Weil dieses Gericht jede Menge Eiweiß liefert, eignet es sich ideal für ein Frühstück vor dem Yogatraining. Dukkah, die ägyptische Mischung verschiedener Gewürze und Nüsse, hält sich in einem luftdichten Behälter an einem kühlen, dunklen Ort bis zu 1 Monat.

Für die Dukkah

1 EL Korianderkörner
1 EL Kreuzkümmelsamen
1 EL Fenchelsamen
1 EL schwarze Pfefferkörner
100 g rohe Haselnüsse, leicht angeröstet
100 g rohe Pistazienkerne, leicht angeröstet
50 g Sesamsamen, leicht angeröstet
50 g Sonnenblumenkerne, leicht angeröstet
1 TL Meersalz
½ TL edelsüßes Paprikapulver

Für das Bohnen-Avocado-Mus

100 g dicke Bohnen (frisch oder TK; ersatzweise Erbsen, frisch oder TK)
1 reife Avocado, halbiert, entsteint und geschält
1 Handvoll Korianderblättchen
abgeriebene Schale und Saft von 1 Bio-Limette
Meersalz und grob gemahlener schwarzer Pfeffer

Außerdem

2 Eier
2 EL heller Essig
2–3 Radieschen, in dünnen Scheiben

Für die Dukkah Koriander-, Kreuzkümmel- und Fenchelsamen in einer Pfanne ohne Fett 2 Minuten anrösten, bis die Gewürze duften. Zusammen mit den Pfefferkörnern in einem Mörser fein zerkleinern.

Haselnüsse, Pistazienkerne, Sesamsamen und Sonnenblumenkerne in der Küchenmaschine oder im Mixer mit der Pulsfunktion zerkleinern, bis die Mischung grobem Sand ähnelt. Gewürze, Salz und Paprikapulver zufügen und rasch untermixen. Die Dukkah abschmecken und gegebenenfalls noch Salz dazugeben. Die Gewürzmischung in eine flache Schale füllen.

Für das Bohnen-Avocado-Mus die Bohnenkerne 2 Minuten in kochendem Wasser blanchieren und kalt abschrecken. Dann die Kerne häuten, mit den übrigen Zutaten in eine Schüssel geben und mit einer Gabel grob zerdrücken. Das Mus mit Salz und Pfeffer abschmecken und gegebenenfalls mehr Limettensaft und Salz unterrühren.

Für die Eier etwa 4 cm hoch Wasser in eine Pfanne mit hohem Rand füllen, und bei schwacher Hitze knapp zum Sieden bringen. Den Essig zugießen. Das Wasser mit einem Kochlöffel umrühren, sodass ein Wirbel entsteht. Die Eier nacheinander jeweils in einer Tasse aufschlagen und in den Wirbel gleiten lassen, dann 3–4 Minuten bis zum gewünschten Gargrad pochieren. Die Eier mit einem Schaumlöffel herausheben und abtropfen lassen.

Die pochierten Eier in der Dukkah wenden und auf einem Bett aus Bohnen-Avocado-Mus servieren. Jede Portion mit Radieschenscheiben garnieren.

ROTE-BETE-WRAPS

FÜR 12 STÜCK

Das Angebot an glutenfreien Wraps im Handel hat mich noch nie überzeugt. Deshalb habe ich für bewusst essende Yogis einfach eine eigene Version auf Basis von Buchweizenmehl entwickelt. Das Purpurrot der Roten Bete sorgt dafür, dass diese Wraps nicht nur dem Körper guttun, sondern auch etwas fürs Auge bieten. Wer farbliche Abwechslung ins Spiel bringen will, kann den Rote-Bete-Saft auch mal durch Möhren- oder Spinatsaft ersetzen.

Trotz des Weizens im Namen ist Buchweizen übrigens komplett glutenfrei und steckt außerdem voller wertvoller Nährstoffe.

240 ml Rote-Bete-Saft
2 Eier
175 g Buchweizenmehl
1 TL gemahlener Kreuzkümmel
½ TL Meersalz
2 EL Olivenöl
Kokosöl zum Braten

Für die Füllung
Hummus (s. S. 105) und weitere Zutaten nach Belieben: Avocado- und Gurkenscheiben, gebackene Süßkartoffelspalten, Rucola, verschiedene Samen und Kerne und etwas Zitronensaft

Rote-Bete-Saft und Eier in einer großen Schüssel verquirlen. Buchweizenmehl, Kreuzkümmel und Salz zufügen, dann langsam 90 ml Wasser und Olivenöl unterrühren, bis ein glatter Teig entsteht. Den Teig bei Zimmertemperatur etwa 15 Minuten quellen lassen.

Eine große Pfanne bei mittlerer bis starker Hitze heiß werden lassen und etwas Kokosöl mit Küchenpapier auf dem Pfannenboden verteilen. Dann 1 Kelle Teig hineingießen und durch Schwenken der Pfanne dünn verteilen. Den Wrap 1–2 Minuten backen, bis er fest wird und an der Oberfläche Bläschen entstehen. Den Wrap wenden und in weiteren 30 Sekunden fertig backen. Herausnehmen und die übrigen Wraps ebenso backen, dabei die Pfanne jedes Mal mit Kokosöl einreiben. Die fertigen Wraps stapeln. (Abhängig von der verwendeten Pfanne wird das Backen nach den ersten Exemplaren schneller gehen, sobald sich die Pfanne stärker erhitzt hat.)

Zum Füllen die Wraps auf der Innenseite (also der zuletzt gebackenen Seite) mit Hummus bestreichen, dann die gewünschte Füllung daraufgeben. Die Wraps entweder fest zusammenrollen oder einfach über der Füllung zusammenklappen und genießen.

SÜSS-KARTOFFEL-SUPPE MIT INGWER UND AHORN-SIRUP Ⓥ

FÜR 6 PERSONEN

Hier wird die Süße der Knollen und des Ahornsirups perfekt durch die Wärme von Ingwer und Limette ergänzt. Aus der Kombination entsteht eine Wohlfühlsuppe mit wunderbar komplexen Aromen.

1 EL Kokosöl
2 rote Zwiebeln, geschält und grob
　　gehackt
Himalajasalz
1 Stück Ingwer (8 cm), geschält und
　　in Scheiben
4 große Süßkartoffeln, geschält und
　　in groben Stücken
grob gemahlener schwarzer Pfeffer
2 l Gemüsebrühe
60 ml Tamari (jap. Sojasauce)
90 ml Ahornsirup
Saft von 2 Limetten
2 EL Kokosmilch zum Garnieren

Das Kokosöl in einem großen, schweren Topf schmelzen lassen. Die Zwiebeln mit 1 Prise Salz dazugeben und bei schwacher Hitze in etwa 5 Minuten glasig anschwitzen, dabei gelegentlich umrühren. Ingwer und Süßkartoffeln zufügen und kurz unterrühren, dann alles mit Salz und Pfeffer würzen und weitere 10 Minuten bei mittlerer Hitze garen.

Die Gemüsebrühe angießen und alles aufkochen. Die Temperatur auf schwache Hitze herunterschalten und die Suppe 25 Minuten köcheln lassen, bis die Süßkartoffeln auf Druck mit einer Gabel zerfallen. Den Topf vom Herd nehmen und alles 5 Minuten abkühlen lassen. Danach die Suppe mit dem Stabmixer glatt pürieren.

Tamari, Ahornsirup und Limettensaft unterrühren und nach Belieben mit mehr Salz, Tamari, Limettensaft und Ahornsirup abschmecken, sodass eine süßliche Suppe mit Geschmackstiefe und einem leichten Kick entsteht. Zum Servieren jede Portion mit etwas Kokosmilch beträufeln.

BLUMEN-KOHLSTEAKS MIT GEFÜLLTEN PILZEN, PESTO UND GRÜNKOHL

Ⓥ **FÜR 4 PERSONEN**

2 kleine Blumenkohlköpfe
90 g Kokosöl
2 TL gemahlene Kurkuma

Für Tomatenpesto und Grünkohl

250 g getrocknete Tomaten
100 ml Olivenöl
40 g rohe Mandeln, enthäutet
1 große Knoblauchzehe, geschält
½ TL getrockneter Oregano
½ TL Meersalz
½ EL Balsamico-Essig
500 g Grünkohl, grobe Stiele entfernt
    und Blätter in Stücke gezupft

Für die gefüllten Pilze

12 braune Champignons
2 Köpfe roter Chicorée (ersatzweise
    weißer), äußere Blätter, falls nötig,
    entfernt
150 g gemischte entsteinte Oliven
2 Knoblauchzehen, geschält
Himalajasalz und grob gemahlener
    schwarzer Pfeffer
4 Stücke einer Clementine zum
    Garnieren

Den Backofen auf 180 °C (Umluft) vorheizen. Die Blumenkohlköpfe von Blättern befreien und aus der Mitte jedes Kopfes zwei jeweils 2 cm dicke Scheiben herausschneiden (den Rest des Blumenkohls anderweitig verwenden). Zwei Bleche mit Backpapier belegen und auf eines davon die Blumenkohlsteaks legen.

Das Kokosöl in einem Topf bei schwacher Hitze schmelzen lassen und die Kurkuma unterrühren. Diese Mischung mithilfe eines Backpinsels auf den Blumenkohlsteaks verteilen und diese im vorgeheizten Backofen etwa 25 Minuten backen, bis sie goldgelb und gar sind.

Alle Zutaten für das Pesto bis auf den Grünkohl in einem Mixer glatt pürieren.

Für die gefüllten Pilze die Stiele der Champignons herausbrechen und beiseitelegen. Die Pilzköpfe mit der Öffnung nach oben auf dem zweiten Backblech verteilen. 4 Chicoréeblätter für die Garnitur beiseitelegen. Den übrigen Chicorée fein hacken. Pilzstiele, Oliven und Knoblauch ebenfalls fein hacken. Die gehackten Zutaten in einer Schüssel mischen und mit Salz und Pfeffer würzen.

Die Füllung mit einem Teelöffel in die Pilzköpfe verteilen und die Champignons im vorgeheizten Backofen 10 Minuten backen.

Inzwischen 4 gehäufte EL Tomatenpesto zusammen mit dem Grünkohl in eine Schüssel geben und sanft in die Blätter einmassieren, bis diese durch Öl und Essig weich werden.

Sobald Blumenkohl und Pilze fertig sind, auf jeden Teller etwas von dem übrigen Pesto setzen und etwas Grünkohl daneben geben. Auf jede Tellermitte ein Blumenkohlsteak legen, ein Chicoréeblatt darunterstecken und die gefüllten Pilze und jeweils eine Clementinenspalte auf den Tellern verteilen. Sofort servieren.

PILZRAGOUT

 **FÜR 2 PERSONEN**

Wenn es ein Lebensmittel gibt, das uns wirklich ein Gefühl der Verbundenheit mit dem Erdboden schenken kann, dann sind das Pilze. Vermutlich liegt es an ihrem Geschmack nach Wald und Erde, vielleicht aber auch an ihrer Fähigkeit, intensive Aromen aufzusaugen wie ein Schwamm. Dieses Rezept eignet sich auch nach einem langen Arbeitstag, denn es steht nach rund 20 Minuten auf dem Tisch. Das Ragout passt prima zu Zoodles (aus Zucchini geschnittenen Spiral-»Nudeln«), zu Süßkartoffelgnocchi (s. S. 84) oder gebackener Süßkartoffel, aber es schmeckt auch solo mit einer Scheibe glutenfreiem Sauerteigbrot (s. S. 50).

1 EL Kokosöl
600 g braune Champignons,
    in 1–2 cm großen Stücken
4 Knoblauchzehen, in feinen Scheiben
2 EL Tomatenmark
½ TL rohes Kakaopulver
½ TL edelsüßes Paprikapulver
300 ml Gemüsebrühe
5 Zweige Thymian
Himalajasalz und grob gemahlener
    schwarzer Pfeffer

Das Kokosöl in einer großen Pfanne stark erhitzen. Pilze und Knoblauch darin bei mittlerer bis starker Hitze goldbraun braten, dabei die Pfanne häufig rütteln.

Tomatenmark, Kakaopulver und Paprikapulver in einer kleinen Schüssel verrühren und zu den Pilzen geben. Die Temperatur auf schwache Hitze herunterschalten und die Pilze gründlich mit der Paste verrühren.

Die Gemüsebrühe angießen, den Thymian zufügen und die Sauce etwa 10 Minuten einkochen lassen. Ragout mit Salz und Pfeffer abschmecken, die Thymianzweige herausnehmen und das Ragout servieren.

ROTE-BETE-BURGER IM PORTO-BELLOPILZ

FÜR 4 BURGER

Gibt es ein tolleres Seelenfutter als Burger? Umso besser, wenn man dabei auch noch geschickt Reste verwerten kann: zum Beispiel das, was nach dem Entsaften von Obst und Gemüse übrig bleibt. Für den Trester gibt es jede Menge Einsatzmöglichkeiten: Reste von Salatgurke eignen sich prima als Gesichtsmaske, die von Möhren für Möhrenkuchen – und die von Roter Bete für diese köstlichen Pattys.

Für den Fenchelsalat

1 Fenchelknolle
2 Stangen grüner Spargel, Enden abgeschnitten, in sehr feinen Scheiben
1 EL gehackter Dill
1 EL gehackte Petersilie
Saft von ½ Zitrone
1 EL Weißweinessig
1 EL Olivenöl
Meersalz

Für die Pattys

100 g gegarte weiße Quinoa
1 EL Olivenöl
½ kleine rote Zwiebel, fein gewürfelt
2 Knoblauchzehen, fein gehackt
200 g Rote-Bete-Trester (Rückstände vom Entsaften)
1 TL Chiasamen
1 TL fein gehackter Rosmarin
2 EL Quinoaflocken
50 g Ziegenweichkäse, Rinde entfernt
1 Ei, verquirlt
½ TL Meersalz
2 EL Hanfsamen

Außerdem

Öl für das Backblech
8 Portobellopilze
4 Blätter Romanasalat
1 Avocado, halbiert, entsteint, geschält, in Scheiben
4 Scheiben Halloumi (Grillkäse), gegrillt

Den Fenchel putzen, halbieren und mit einer Mandoline sehr fein hobeln. Den Fenchel, Spargel, Dill und Petersilie in eine Schüssel geben und mit Zitronensaft, Essig und Olivenöl mischen. Den Salat mit Salz abschmecken.

Für die Pattys den Backofen auf 180 °C (Umluft) vorheizen. Quinoa, Olivenöl, Zwiebel, Knoblauch, Rote-Bete-Trester, Chiasamen, Rosmarin, Quinoaflocken, Ziegenkäse, Ei und ½ TL Meersalz in einer großen Schüssel gründlich vermischen. Die Masse 30–40 Minuten beiseitestellen, damit die Chiasamen quellen können. Danach die Masse mit feuchten Händen in vier Portionen teilen und jede zu einem runden, flachen Patty formen. Die Hanfsamen auf einen Teller geben und die Ränder der Pattys darin rollen. Ein Backblech mit Backpapier belegen, die Pattys darauflegen und im vorgeheizten Ofen 15–20 Minuten backen.

In der Zwischenzeit ein weiteres Blech leicht einölen, die Pilze darauflegen und ebenfalls 10 Minuten im Ofen backen, bis die Ränder runzelig werden und die Pilze durcherhitzt sind.

Pattys und Pilze aus dem Ofen nehmen. Auf vier Teller jeweils 1 Pilz mit der Lamellenseite nach oben legen. Darauf jeweils 1 Salatblatt, ein paar Avocadoscheiben, 1 Patty, 1 Scheibe Halloumikäseund etwas Fenchelsalat schichten. Zuletzt die übrigen Pilze mit der Lamellenseite nach unten darauflegen und die Burger servieren.

MÖHREN-NOCKEN MIT CASHEW-CREME & GREMOLATA

 **FÜR 4 PERSONEN**

Es gibt im Pflanzenreich einen Samen, der als Proteinquelle jeden anderen übertrifft: Hanf. Inzwischen zu Recht wieder sehr beliebt, enthalten Hanfsamen doch bis zu 25 % für den Menschen bestens verdauliches Eiweiß. Diese Powersamen punkten zudem mit einem für uns optimalen Verhältnis von Aminosäuren und essenziellen Fettsäuren.

Für die Möhrennocken

3 Möhren (350 g), geschält und in größere Stücke geschnitten
1 EL Olivenöl
120 g rohe Macadamianüsse oder Cashewkerne, aktiviert (s. S. 19)
1 EL geriebener Ingwer
1 EL Ahornsirup
1 EL Tamarindenpaste (Asialaden)
1 EL gemahlener Kreuzkümmel
½ TL gemahlener Koriander
½ TL Meersalz

Für die Gremolata

1 Bund Petersilie, Blätter abgezupft
1 Knoblauchzehe, geschält
abgeriebene Schale von 1 Bio-Zitrone
1 EL Hanfsamen

Für die Cashewcreme

120 g rohe Cashewkerne, aktiviert (s. S. 19)
2 EL gehackte Salzzitronen
60 ml Reisdrink
1 Prise edelsüßes Paprikapulver
Meersalz

Außerdem

Microgreens (Blätter winziger Gemüsepflänzchen, selbst gezogen oder aus dem gut sortierten Gemüsegeschäft) zum Garnieren

Für die Möhrennocken den Backofen auf 170 °C (Umluft) vorheizen. Die Möhrenstücke in einem Topf mit kochendem Wasser 3 Minuten vorgaren, abgießen und abtropfen lassen. Mit dem Öl mischen, auf einem Backblech verteilen und im vorgeheizten Backofen in etwa 40 Minuten weich backen. Sie sollen leicht Farbe annehmen. Die gebackenen Möhren mit Macadamianüssen oder Cashewkernen, Ingwer, Ahornsirup, Tamarindenpaste, Kreuzkümmel, Koriander und ½ TL Meersalz in eine Küchenmaschine oder einen Mixer geben und alles glatt pürieren. Die Mischung mit Salz abschmecken.

Für die Gremolata die Petersilie fein hacken und in eine kleine Schüssel geben. Die Knoblauchzehe auf einer feinen Reibe dazureiben und beides mit der Zitronenschale und den Hanfsamen mischen. Die Gremolata beiseitestellen.

Für die Cashewcreme Cashewkerne, Salzzitronen, Reisdrink, Paprikapulver und 1 Prise Meersalz im Mixer cremig pürieren und die Creme mit Salz abschmecken.

Zum Servieren auf vier Teller jeweils einen Esslöffel Cashewcreme geben und mit der Löffelrückseite verstreichen. Von der Möhrenmasse mit zwei Teelöffeln Nocken abstechen und daraufsetzen. Die Nocken mit der Gremolata bestreuen, mit Microgreens garnieren und servieren.

VAMPIRSAFT

 **FÜR 2 PERSONEN**

Von allen Knollen und Wurzeln steht die Rote Bete unangefochten an der Spitze, wenn es um ihre gesunde Wirkung geht. Vordergründig punktet sie mit ihrem süßlich-erdigen Geschmack, aber darüber hinaus stärkt sie die Leber und enthält jede Menge Antioxidantien und blutreinigende Inhaltsstoffe. Rote Bete enthält außerdem Glutamin, eine Aminosäure, die für die gesunde Funktion des gesamten Darmtraktes entscheidend ist.

1 große Rote Bete, gründlich abgebürstet, Wurzel- und Stielansatz entfernt
2 Möhren, gründlich abgebürstet, aber ungeschält
½ Salatgurke
125 g frische Cranberrys (oder anderes saisonales rotes Obst nach Belieben, z. B. Blutorange, Wassermelone oder Granatapfel)
1 Stück Ingwer (2,5 cm) , geschält

Sämtliche Zutaten in einen Entsafter geben und den Saft sofort servieren.

KOKOS-ROTE-BETE-EISCREME

V FÜR 4 PERSONEN

Kokos und Rote Bete? Was ungewöhnlich klingt, ist tatsächlich eine großartige Aromenkombination – wie dieses Rezept beweist.

Pfeilwurzmehl kommt als Bindemittel in der glutenfreien Küche häufig zum Einsatz. Es hat viele Vorteile: Man kann damit Flüssigkeiten bei niedrigeren Temperaturen andicken als mit herkömmlicher Speisestärke (Maisstärke), das Andicken funktioniert auch im Zusammenspiel mit Säure, Flüssigkeiten trüben sich nicht ein und die Bindefähigkeit bleibt auch beim Gefrieren erhalten.

Für dieses Rezept nutze ich Pfeilwurzmehl, weil sich dadurch auch bei der Zubereitung ohne Eismaschine keine großen Kristalle in der Eiscreme bilden.

500 ml Kokosmilch
2 EL Pfeilwurzmehl
360 ml Rote-Bete-Saft
50 g Kokosblütenzucker
Mark von 2 Vanilleschoten
½ TL Meersalz
geröstete Kokos-Chips zum Garnieren

250 ml Kokosmilch in einer kleinen Schüssel mit dem Pfeilwurzmehl verquirlen und zum Quellen auf die Seite stellen.

Die übrigen 250 ml Kokosmilch in einem mittelgroßen Topf sanft bis kurz unter den Siedepunkt erhitzen. Dann die angedickte Kokosmilch dazugeben und bei schwacher Hitze weiterrühren, bis die Flüssigkeit eindickt. Den Topf vom Herd nehmen.

Die übrigen Zutaten zur Kokosmilch geben und alles glatt rühren, dann die Mischung abkühlen lassen und danach in den Kühlschrank stellen.

Sobald sie Kühlschranktemperatur angenommen hat, die Masse in eine Eismaschine füllen und nach Angabe des Herstellers gefrieren lassen. Wer keine Eismaschine besitzt, geht so vor: Eine große Kasten- oder quadratische Kuchenform mit Frischhaltefolie auslegen, sodass reichlich Folie überhängt. Die Masse hineingießen, die Oberfläche mit der überhängenden Folie abdecken und die Form ins Tiefkühlgerät stellen.

Wenn die Masse nach 2–3 Stunden halb gefroren ist, mit einer Gabel oder einem Löffel gründlich durchrühren, um Eiskristalle zu zerkleinern. Die Masse weiter gefrieren lassen. Dabei darauf achten, dass die Oberfläche vollständig abgedeckt ist, damit sich dort keine Eiskristalle bilden können. Die gefrorene Eiscreme in der Küchenmaschine oder im Mixer pürieren, damit sie eine cremige Konsistenz bekommt. Das Eis bis zum Servieren abgedeckt im Tiefkühlgerät aufbewahren.

Zum Servieren mit einem Eisportionierer Kugeln aus der Eiscreme ausstechen und mit gerösteten Kokos-Chips anrichten.

WEICHE TAHIN-MANDEL-COOKIES

FÜR CA. 50 STÜCK

Hier kommen die idealen Energie-Booster nach dem Yoga! Diese Cookies sind blitzschnell gebacken und halten sich bis zu einer Woche, ohne trocken zu werden. Das Rezept entstand, als mir eines Tages klar wurde, wie vielseitig sich Tahin, also Sesammus, mit seiner cremigen Konsistenz einsetzen lässt. Es gibt Sesammus aus schwarzen und goldgelben Sesamsamen, wobei die dunklen noch mehr gesunde Inhaltsstoffe enthalten. Das Gleiche gilt für Tahin aus ungeschälten Sesamsamen, dieses schmeckt allerdings auch etwas herber. Die kleinen Samen punkten durch ihre ungesättigten Fettsäuren und reichlich Kalzium, das wichtig für die Knochengesundheit ist.

220 g gemahlene Mandeln
½ TL Meersalz
1 TL Backpulver
200 g Honig oder Kokosblütensirup
200 g Tahin (Sesammus)
Mark von 2 Vanilleschoten
rohe Pistazienkerne, grob gehackt,
    zum Garnieren

Den Backofen auf 170 °C (Umluft) vorheizen. Zwei Backbleche mit Backpapier oder Backmatten auslegen.

Gemahlene Mandeln, Salz und Backpulver in einer großen Schüssel mischen. Honig, Tahin und Vanillemark in einen kleinen Topf geben und bei schwacher Hitze erwärmen, dabei ständig rühren, bis alles gut vermischt und etwas dünnflüssiger geworden ist.

Den Topfinhalt zu den trockenen Zutaten gießen und alles gut verrühren, bis eine weiche, warme Masse entstanden ist, die gut zusammenhält. Den Teig etwa 10 Minuten abkühlen lassen, damit er etwas fester wird.

Aus dem Teig Bällchen von 2,5 cm Durchmesser rollen und im Abstand von 5 cm auf die Backbleche setzen (die Cookies laufen beim Backen etwas auseinander). Die Kugeln mit einer Gabel leicht andrücken und jeden Cookie mit ein paar gehackten Pistazien garnieren.

Die Cookies im vorgeheizten Ofen 8–10 Minuten backen, bis sie sich an den Rändern goldbraun verfärben, dann herausnehmen und abkühlen lassen. Solange sie warm sind, fühlen sie sich weich an, aber sie werden beim Abkühlen fester. Erst dann vom Blech nehmen und in einem luftdichten Behälter aufbewahren.

MASALA-CHAI-MÖHREN-KUCHEN

FÜR 1 KUCHEN (Ø 26 CM)

Das ist das Rezept für den wirklich ultimativen Carrot Cake: Weil er ohne Mehl auskommt und stattdessen reichlich gemahlene Mandeln enthält, ist er unglaublich saftig. Die wärmenden Gewürze sorgen für den tollen Geschmack.

1 Teebeutel Masala Chai (schwarzer Tee mit Gewürzen)
10 Eier
150 ml Olivenöl
340 g Honig
abgeriebene Schale von 2 Bio-Orangen
Mark von ½ Vanilleschote
800 g Möhren, gerieben oder in der Küchenmaschine fein zerkleinert
200 g Walnusskerne, angedrückt
525 g gemahlene Mandeln
2 TL Natron
2 EL gemahlener Zimt
2 TL gemahlener Piment
1 TL gemahlener Ingwer

Für die Cremefüllung (nach Wunsch)
300 g rohe Cashewkerne, 3–4 Stunden in Wasser eingeweicht
2 EL Zitronensaft
2 EL Kokosöl, geschmolzen
80 ml Ahornsirup

Außerdem
Fett für die Backform
Walnusskerne zum Garnieren (nach Belieben)

Den Backofen auf 180 °C (Umluft) vorheizen. Den Boden einer Springform (Ø 26 cm) mit Backpapier auslegen, die Wände gut fetten.

Den Teebeutel in einer Tasse mit 60 ml kochendem Wasser übergießen und 10 Minuten ziehen lassen. Dann den Beutel herausnehmen und das Teekonzentrat beiseitestellen.

Die Eier in einer großen Schüssel schaumig aufschlagen. Olivenöl, Honig, Orangenschale, Teekonzentrat und Vanillemark dazugeben und gründlich unterschlagen.

Möhren und Walnüsse einrühren, erst dann die übrigen Zutaten zufügen. Alles gründlich vermischen.

Den Teig in die Springform füllen und den Kuchen im vorgeheizten Ofen etwa 1 Stunde backen, bis er aufgegangen und goldbraun ist. Bleibt an einem hineingesteckten Holzstäbchen kein Teig mehr haften, ist der Kuchen fertig. Die Form aus dem Ofen nehmen und den Kuchen in 2–3 Stunden vollständig abkühlen lassen, erst dann aus der Form lösen.

Falls Sie ihn füllen wollen, den Kuchen (am besten mit einem Messer mit Wellenschliff) horizontal halbieren. Die Hälften einzeln in Frischhaltefolie wickeln und vor dem Füllen mindestens 2 Stunden kühlen.

Für die Füllung alle Zutaten in einem Mixer glatt pürieren und die Mischung ebenfalls 1 Stunde kalt stellen.

Die untere Kuchenhälfte auf eine Platte legen und mit der Hälfte der vorbereiteten Creme bestreichen (das geht am besten mit einer Tortenpalette). Die obere Kuchenhälfte daraufsetzen und mit der übrigen Creme bestreichen. Den Kuchen nach Belieben mit Walnüssen garnieren und servieren.

POCHIERTE GEWÜRZ-BIRNEN

 FÜR 6 PERSONEN

6 sehr feste Birnen, geschält
½ Vanilleschote, längs aufgeschlitzt,
    Mark herausgekratzt
2 Zimtstangen
2 Gewürznelken
4 Kardamomkapseln
1 Sternanis
4 Scheiben Ingwer, geschält
1 Orange, in Scheiben
Pistazien, fein gehackt, zum Garnieren

Birnen, Vanilleschote und -mark, Gewürze, Ingwer- und Orangenscheiben in einen großen, schweren Topf geben. So viel Wasser angießen, dass die Birnen knapp bedeckt sind. Den Deckel auflegen, alles aufkochen und bei schwacher Hitze köcheln lassen, bis die Birnen weich sind. Wie lang das dauert, hängt von ihrem Reifegrad ab; meistens brauchen sie 30–60 Minuten.

Die Birnen mit gehackten Pistazien garnieren und mit Kokosmilchjoghurt oder zum Rote-Bete-Schoko-Kuchen (s. S. 40) servieren.

ROTE-BETE-SCHOKO-KUCHEN

FÜR 1 KUCHEN (Ø 26 CM)

Diesen Kuchen habe ich kreiert, als ich anfing, beim Backen die Milchprodukte wegzulassen. Eine Freundin gab mir das Rezept und sagte, ich solle doch auch mal etwas ohne Zucker und Mehl probieren – einen Kuchen mit vielen gesunden Zutaten. Das Ergebnis ist ein wunderbar saftiger, schokoladiger Genuss!

600 g Honig
600 g Rote Bete, gekocht und püriert
6 Eier
300 ml Olivenöl
Mark von ½ Vanilleschote
160 g rohes Kakaopulver
400 g Buchweizenmehl
4 TL Backpulver
2 Birnen, ohne Kerngehäuse und in dünne Spalten geschnitten

Außerdem
Fett für die Backform
Pochierte Gewürzbirnen (s. S. 39)

Den Backofen auf 180 °C (Umluft) vorheizen. Den Boden einer Springform (Ø 26 cm) mit Backpapier auslegen, die Wände fetten.

Erst Honig, pürierte Rote Bete, Eier, Olivenöl und Vanillemark in einer großen Schüssel gründlich verrühren. Dann die trockenen Zutaten zufügen und alles gründlich zu einem glatten Teig vermischen.

Den Teig in die Form füllen, die Birnenspalten darauf kreisförmig anordnen und den Kuchen 50–60 Minuten im vorgeheizten Ofen backen. Er soll aufgegangen, in der Mitte aber noch weich sein. Den Kuchen herausnehmen und in der Form auskühlen lassen.

Während der Kuchen backt, die pochierten Gewürzbirnen zubereiten.

Den abgekühlten Kuchen aus der Form lösen und mit den Birnen servieren, dabei den Kuchen nach Belieben mit dem Gewürzsirup von den Birnen beträufeln.

»CHEESE-CAKE«-CHIA-PUDDING MIT ZITRONE

Ⓥ FÜR 8 PERSONEN

Dieses tolle Dessert steckt nicht nur dank der Nüsse und Samen voller gesunder Proteine, sondern hinterlässt auch ein wunderbar wohlig-zufriedenes Gefühl. Die Chiasamen, die darin ihren großen Auftritt haben, punkten mit reichlich Ballaststoffen, essenziellen Fettsäuren und Mineralstoffen wie Kalzium, das für stabile Knochen sorgt. Ballaststoffe können sogar beim Abnehmen helfen, zudem die Cholesterinwerte senken und den Blutzuckerspiegel stabilisieren – umso wichtiger, als sich beim Wurzelchakra alles ums physische Überleben dreht.

Für den Boden
1 Teebeutel Zitronenverbenentee
300 g Datteln, entsteint
200 g rohe Paranüsse, grob gehackt

Für den Pudding
150 g rohe Cashewkerne, 3–4 Stunden
    in Wasser eingeweicht
400 ml Kokosmilch
Mark von ½ Vanilleschote
abgeriebene Schale und Saft von
    2 großen Bio-Zitronen
12 Datteln, entsteint
125 g Chiasamen

Zum Garnieren
geröstete Kokos-Chips oder getrocknete
    Rosenblütenblätter

Für den Boden den Teebeutel in einen Topf geben, mit 400 ml kaltem Wasser übergießen und aufkochen. Den Teebeutel herausnehmen und die Datteln dazugeben. Die Temperatur auf schwache Hitze herunterschalten und die Datteln köcheln lassen, bis sie weich werden und zerfallen, dabei mit einem Kochlöffel zerdrücken. Es soll eine Paste entstehen. Die Paranüsse unterrühren und die Mischung auf acht Gläser oder Dessertschalen verteilen.

Für den Pudding alle Zutaten bis auf die Chiasamen mit 300 ml Wasser in einer Küchenmaschine oder im Mixer auf höchster Stufe mindestens 2 Minuten pürieren, bis eine glatte Flüssigkeit entstanden ist. Die Mischung in eine große Schüssel gießen und die Chiasamen mit einem Schneebesen gründlich unterrühren.

Die Chiamischung auf dem Dattelboden verteilen und die Gläser oder Schälchen in den Kühlschrank stellen, damit die Chiasamen ausquellen können. Das dauert mindestens 1 Stunde. Sie können den Pudding aber auch über Nacht ausquellen lassen. Zum Servieren jede Portion mit Kokos-Chips oder Rosenblütenblättern garnieren.

Fließen

In diesem Kapitel steht das zweite Chakra im Mittelpunkt. Es trägt den Namen *svadhisthana*, was »Süße« bedeutet. Hier dreht sich alles darum, das Element Wasser zu nutzen, um den ungehinderten Energiefluss zu stärken. Wasser ist die Quelle allen Lebens auf der Erde, und es sorgt für Wachstum, Bewegung und Veränderung. Aber es lässt auch unsere Gefühle und unsere Sinnlichkeit in Fluss kommen und hilft dabei, dass unser Bewusstsein beweglich bleibt, sodass wir Sinn und Ziel unseres Lebens erkunden können.

Dieses Kapitel liefert die Energie für alles, was im Körper in Bewegung ist. Die Reise beginnt im Verdauungssystem und in unseren Fortpflanzungsorganen. Alle Zutaten in diesem Kapitel sind daher so ausgewählt, dass nichts den Energiefluss zu diesen zentralen Systemen behindert. Dafür nutze ich simple Zubereitungsmethoden wie das Einweichen von Samen und greife auch auf fermentierte Lebensmittel zurück, die unsere Darmflora stärken.

Wenn wir uns blockiert oder verstopft fühlen, dann stockt auch der Energiefluss. Die Herausforderung liegt dann darin, mit Veränderung umgehen zu lernen und loszulassen. Ich glaube daran, dass die Rezepte in diesem Kapitel Energie zur Verfügung stellen, die den Körper dabei unterstützt, loszulassen und in den Fluss zu kommen.

QUINOA-FRÜH-STÜCKSBOWL

 FÜR 4 PERSONEN

Die Natur hat es so vorgesehen, dass Samen wie Kürbis- oder Sonnenblumenkerne den Darmtrakt relativ unverdaut passieren. So können sie unversehrt ausgeschieden werden und an anderer Stelle in den Boden gelangen. Aus diesem Grund sind sie durch Phytinsäure geschützt, die das Verdautwerden verhindert. Außerdem müssen sich Samen lange halten, nämlich bis der richtige Keimungszeitpunkt gekommen ist. Also enthalten sie Stoffe, die die entsprechenden Enzyme unterdrücken und die auch im menschlichen Körper die Arbeit der Verdauungsenzyme hemmen. Startet man allerdings den Keimungsprozess, indem man Samen, Körner und Nüsse in Wasser einweicht, werden sie leichter verdaulich, und ihre wunderbaren Nährstoffe stehen unserem Körper zur Verfügung.

Dieses Rezept ist dafür gedacht, es am Vorabend zuzubereiten.

200 g Quinoaflocken
100 g gepuffte Quinoa
100 g Haferflocken
Mark von 1 Vanilleschote
400 ml frisch gepresster Orangensaft
    (oder nach Belieben ein anderer Saft
    wie Apfel-, Möhren- oder Pink-Grape-
    fruit-Saft)
10 getrocknete Feigen, grob gehackt
75 g Gojibeeren
25 g rohe Sonnenblumenkerne
25 g rohe Kürbiskerne
geröstete Kokos-Chips und frisches Obst
    (z. B. Feigen oder Heidelbeeren) zum
    Garnieren

Am Vorabend Quinoaflocken, gepuffte Quinoa und Haferflocken in eine große Schüssel geben und mischen. Vanillemark, Orangensaft und 150 ml Wasser zufügen und alles gut verrühren. Zuletzt die gehackten Feigen und die Gojibeeren unterheben. Die Schüssel mit Frischhaltefolie abdecken.

Die Sonnenblumen- und Kürbiskerne in einer kleinen Schüssel mit Wasser bedecken und ebenfalls mit Frischhaltefolie abdecken. Beide Schüsseln in den Kühlschrank stellen und alles über Nacht einweichen lassen.

Am nächsten Morgen die Quinoamischung durchrühren und noch Saft oder Wasser zugießen, falls Ihnen eine weichere Konsistenz lieber ist. Die eingeweichten Kerne abgießen. Erst die Kerne und dann die Quinoamischung (oder nach Belieben umgekehrt) auf vier Schalen verteilen und mit Kokos-Chips und frischem Obst garnieren.

Sowohl die eingeweichten Kerne als auch die Quinoamischung halten sich 3–5 Tage im Kühlschrank.

EIER BENE-DICT MIT KURKUMA-»HOLLAN-DAISE«

FÜR 2 PERSONEN

Unser Magen ist zwischen 7 und 11 Uhr vormittags am aktivsten. Danach verlangsamt er seine Tätigkeit, sodass die Verdauung länger braucht. Wenn Sie morgens mit Appetit und gern herzhaft frühstücken, probieren Sie unbedingt dieses Rezept!

Für diese vegetarische und milchproduktfreie Variante der klassischen Eggs Benedict habe ich der »Hollandaise« einen extra Gesundheitskick verpasst. Cashewkerne und Artischocken sorgen für eine wunderbare Konsistenz, und durch die Hefeflocken werden die Aromen zusätzlich verstärkt.

Für die »Sauce hollandaise«

50 g rohe Cashewkerne, aktiviert (s. S. 19)
30 g Artischockenherzen (in Lake), ledrige äußere Blätter entfernt, Flüssigkeit aufgefangen
1 EL Hefeflocken (ersatzweise etwas Misopaste oder Tamari, jap. Sojasauce)
½ TL gemahlene Kurkuma
1 Prise edelsüßes Paprikapulver
Saft von 1 Zitrone
½ TL Meersalz

Für die Eier

2 Eier
2 EL heller Essig

Zum Anrichten

2 EL Tomatenpesto (s. S. 28)
1 reife Avocado, halbiert, entsteint, geschält und in Scheiben geschnitten
25 g Spinat, blanchiert
8 Stangen grüner Spargel, Enden abgeschnitten, blanchiert
Dukkah (s. S. 22; nach Belieben) zum Bestreuen

Für die »Hollandaise« alle Zutaten in einem Mixer pürieren, bis eine glatte Sauce entstanden ist. Falls sie zu dick ist, noch etwas Flüssigkeit von den Artischocken zufügen, bis die gewünschte Konsistenz erreicht ist. Die Sauce mit Salz abschmecken.

Für die Eier etwa 4 cm hoch Wasser in eine Pfanne mit hohem Rand füllen, und bei schwacher Hitze knapp zum Sieden bringen. Den Essig zugießen. Das Wasser mit einem Kochlöffel umrühren, sodass ein Wirbel entsteht. Die Eier nacheinander in einer Tasse aufschlagen und in den Wirbel gleiten lassen, dann 3–4 Minuten bis zum gewünschten Gargrad pochieren. Die Eier mit einem Schaumlöffel herausheben und abtropfen lassen.

Auf zwei Teller jeweils einen Löffel Tomatenpesto geben. Darauf Avocadoscheiben, Spinat und Spargel schichten. Die pochierten Eier obenauf setzen und die Sauce darauf verteilen. Nach Belieben etwas Dukkah auf die Teller streuen und die Eier Benedict sofort servieren.

GLUTEN-FREIES SAUERTEIG-BROT MIT ERBSEN-AUFSTRICH

FÜR 4 PERSONEN

Für das Brot

80 g Vollkornreismehl

140 g kalter Sauerteigansatz
(s. S. 51)

20 g gemahlene Flohsamen-
schalen

1 EL gemahlene Leinsamen

120 g Buchweizenmehl, plus
Buchweizenmehl zum
Verarbeiten

60 g Maisstärke

60 g Kartoffelstärke

2 EL ganze Leinsamen

2 EL Sesamsamen

2 EL Sonnenblumenkerne

2 EL Chiasamen

2 EL Kokosblütenzucker

1 TL Himalajasalz

Für den Erbsenaufstrich

400 g Erbsen (frisch oder TK)

5 Stängel Minze, Blätter
abgezupft

50 ml Olivenöl, plus Olivenöl
zum Beträufeln

½ TL Meersalz

¼ TL grob gemahlener
schwarzer Pfeffer

Feta und Granatapfelkerne
zum Garnieren (nach
Belieben)

Für den Vorteig das Reismehl in einer Schüssel mit dem Sauerteigansatz und 120 ml Wasser verrühren, mit Frischhaltefolie abdecken und 8–12 Stunden an einem warmen, trockenen Ort gehen lassen.

Danach 350 ml Wasser mit Flohsamenschalen und gemahlenen Leinsamen in einer großen Schüssel verquirlen, bis eine gelartige Masse entsteht. Den Vorteig dazugeben und gründlich unterrühren. Die Flohsamenschalen binden Feuchtigkeit und sorgen für eine weniger bröselige Konsistenz des fertigen Brotes.

In einer weiteren großen Schüssel alle übrigen Zutaten für das Brot verrühren. In die Mitte eine Mulde drücken und die Vorteigmischung hineingeben. Alles mit den Händen gut vermischen, bis das Mehl vollständig untergearbeitet ist. Dann den Teig auf die bemehlte Arbeitsfläche geben und zu einem runden Laib formen.

Eine große Schüssel mit einem sauberen Küchentuch auslegen und das Tuch mit Buchweizenmehl bestreuen, damit der Teig nicht daran kleben bleibt. Den Teig hineingeben, das Tuch darüber zusammenschlagen und die Schüssel in eine Plastiktüte stellen. Den Teig an einem warmen, trockenen Ort weitere 4–6 Stunden gehen lassen. (Ich heize dafür am liebsten den Ofen auf niedrigster Stufe vor und schalte ihn aus, sobald ich den Teig hineinstelle. Den Teig dann kurz vor Ende der Gehzeit wieder aus dem Ofen nehmen.)

Den Backofen auf 200 °C (Umluft) vorheizen, dabei ein Backblech im Ofen heiß werden lassen. In eine kleine Backform etwa 1 cm hoch Wasser füllen und auf den Ofenboden stellen. (Dadurch bekommt das Brot beim Backen eine schöne Kruste.)

Einen Bogen Backpapier auf die Arbeitsfläche legen. Den Teig aus der Schüssel daraufstürzen und das Tuch abziehen. Das heiße Blech aus dem Ofen nehmen und das Backpapier mit dem Brot vorsichtig daraufziehen. Die Brotoberfläche mit einem scharfen Messer einritzen, das Blech auf der mittleren Schiene in den vorgeheizten Ofen schieben und das Brot etwa 45 Minuten backen, bis es gebräunt ist und es beim Klopfen auf die Unterseite hohl klingt. Das Brot herausnehmen und vor dem Anschneiden mindestens 1 Stunde auf einem Kuchengitter abkühlen lassen.

Für den Aufstrich reichlich Wasser in einem Topf aufkochen. Die Erbsen darin kurz blanchieren, in ein Sieb abgießen und mit kaltem Wasser abschrecken. Die blanchierten Erbsen mit Minze, Öl, Salz und Pfeffer in eine Küchenmaschine oder einen Mixer geben. Mit der Pulsfunktion zerkleinern, bis eine grobe Paste entstanden ist, und den Aufstrich mit Salz und Pfeffer abschmecken.

Zum Servieren einige Brotscheiben toasten und den Aufstrich darauf verteilen. Nach Belieben etwas Feta darüberbröseln und die Granatapfelkerne darauf verteilen. Zuletzt alles mit etwas Olivenöl beträufeln.

GLUTENFREIER SAUERTEIG-ANSATZ ⓥ

15 g Buchweizenmehl
15 g Vollkornreismehl
10 g Apfel, gerieben
2 EL Wasserkefir oder alter
    Sauerteigansatz

Alle Zutaten in einem großen, sauberen Glas mit 2 EL Wasser verrühren. Das Glas mit einem Baumwolltuch bedecken und mit einem Gummiband fixieren, dann in einen trockenen Schrank ohne Zugluft stellen. Den Ansatz 7 Tage zwei- bis dreimal täglich mit je 15 g Buchweizenmehl, 15 g Vollkornreismehl und 2 EL Wasser füttern. (Falls das Glas zu voll wird, etwas von dem Ansatz wegwerfen oder in ein zweites Glas geben. Flüssigkeit, die sich oben absetzt, weggießen.)

Nach 7 Tagen kann der Ansatz verwendet werden. Ungenutzten Ansatz in einem Schraubglas im Kühlschrank aufbewahren und einmal pro Woche (und auf jeden Fall nach der Entnahme eines Teiles zum Backen) mit den gleichen Mengen wie vorher füttern. Häufig kann der Ansatz wie im Rezept auf S. 50 kalt verwendet werden. Ist im Rezept aber von »aktivem Ansatz« die Rede, dann den Ansatz 12 Stunden vorher aus dem Kühlschrank nehmen.

SOMMER-ROLLEN MIT TEMPEH, AVOCADO & THAISALAT Ⓥ

FÜR 12 STÜCK

Für den Paranussdip

80 g rohe Paranüsse, aktiviert (s. S. 19)

1 TL Kokosblütenzucker

1 EL Kokosmus

1 EL Tamari (jap. Sojasauce)

Saft von 2 Limetten

½ TL gemahlener Kardamom

1 Knoblauchzehe, geschält

1 TL geriebener frischer Ingwer

Für das Dressing

1 Prise Chiliflocken

1 TL geriebener frischer Ingwer

4 TL Kokosblütenzucker oder Honig

2 EL Tamari (jap. Sojasauce)

Saft von 1½ Limetten

2 EL Leinöl

Für den Thaisalat

60 g Mungo- oder Sojabohnensprossen, blanchiert

2 große Zucchini, mit einem Spiral-schneider in Spiralen geschnitten

2 große lila Möhren, in Streifen

½ rote Paprikaschote, entkernt, in dün-nen Streifen

¼ Rotkohl, fein geschnitten

2 Frühlingszwiebeln, in feinen Scheiben

1 Bund Minze, Blätter abgezupft und grob gehackt

1 Bund Koriandergrün, grob gehackt

Für die Rollen

12 runde Blätter Reispapier (Asialaden)

1 kleines Bund Koriandergrün, Blätter abgezupft und gehackt

schwarze Sesamsamen

1 Avocado, halbiert, entsteint, geschält und in sehr dünnen Scheiben

300 g Tempeh, gebraten und in dünnen Streifen

Für den Paranussdip Nüsse, Kokos-blütenzucker, Kokosmus, Tamari, Limettensaft, Kardamom, Knoblauch und Ingwer im Mixer zu einer Paste pürieren. Mit etwas Wasser bis zur ge-wünschten Konsistenz verdünnen.

Für das Dressing alle Zutaten in einer Schüssel verquirlen, bis sich der Kokosblütenzucker aufgelöst hat.

Für den Salat alle Zutaten in einer großen Schüssel mit etwas Dressing vermischen.

Für die Rollen eine Schüssel mit lauwarmem Wasser bereitstellen. Ein Reispapierblatt darin 20–30 Sekun-den weich werden lassen, vorsichtig herausheben und auf ein Küchenbrett legen. Das Blatt zuerst mit etwas Koriander und Sesam bestreuen, dann 2–3 Avocadoscheiben überlappend knapp unterhalb der Mitte auf das Reispapier legen. Darauf 1–2 Stücke Tempeh und eine kleine Handvoll Salat häufen.

Nun die Rolle wickeln. Dazu die Seiten des Reispapiers über die Füllung schlagen und alles von unten nach oben möglichst fest aufrollen, ohne dass das Reispapier reißt.

Auf diese Weise Reispapier und Fül-lung aufbrauchen, dabei das Küchen-brett nach jeder Rolle mit Küchenpa-pier abwischen. Falls nötig, das warme Wasser zwischendurch wechseln. Die fertigen Sommerrollen bis zum Essen mit feuchtem Küchenpapier bedecken. Die Rollen mit dem Paranussdip und eventuell noch übrigem Thaisalat servieren.

MANDEL-ROTE-BETE-CREME MIT ORANGE ⓥ

FÜR 12 PERSONEN ALS DIP

Nüsse verleihen Dips oder Aufstrichen eine schöne glatte, streichfähige Konsistenz, zum Beispiel diesem hier mit Roter Bete und Orangen. Falls Sie keine Zeit haben, die Nüsse zu aktivieren, dann ersetzen Sie sie durch weiße Bohnen oder Kichererbsen aus der Dose: So steht innerhalb von Sekunden eine Creme auf dem Tisch, die sowohl zu Ofengemüse passt als auch mit Crackern oder Brot als Beilage zu Salaten serviert werden kann.

600 g Rote Bete, gekocht, geschält und
    grob gehackt
1 Orange, geschält, Kerne entfernt
100 g rohe Mandeln, aktiviert (s. S. 19)
70 g rohe Pistazienkerne, aktiviert
    (s. S. 19)
60 ml Hanföl
2 Knoblauchzehen, geschält
1 EL Tahin (Sesammus)
1 TL gemahlener Kreuzkümmel
½ TL Himalajasalz
grob gemahlener schwarzer Pfeffer

Alle Zutaten in der Küchenmaschine oder im Mixer glatt pürieren und mit Salz und Pfeffer abschmecken. Luftdicht verpackt hält sich die Creme bis zu 5 Tage im Kühlschrank.

RADIESCHEN-KIMCHI MIT GRÜN- & ROSENKOHL

Ⓥ ERGIBT ETWA 900 G

Kimchi nennt man Gemüse, das nach koreanischer Methode durch Fermentierung haltbar gemacht wurde. Der Trick besteht darin, schädliche Bakterien durch eine Salzlake in Schach zu halten, sodass Milchsäurebakterien, unter anderem *Lactobacillus plantarum*, Säure produzieren können, die dann das Gemüse konserviert. Genau wie das ebenfalls durch Fermentierung hergestellte Sauerkraut ist auch Kimchi ein supergesundes probiotisches Lebensmittel, das sich lange im Kühlschrank hält.

Ich verwende Kimchi gerne als Salatdressing, indem ich es einfach mit einem Öl meiner Wahl püriere. Man kann es aber auch als Beilage servieren, zum Beispiel zu im Wok gegarten Gemüse. Die wahren Fans kennen allerdings nichts und löffeln Kimchi auch direkt aus dem Glas!

500 g Rosenkohl, geputzt
200 g Grünkohl, grobe Stiele entfernt und
    Blätter in Stücke gezupft
2 TL Meersalz
2 Äpfel, Kerngehäuse entfernt
2 EL geriebener Ingwer
2–3 Knoblauchzehen, fein gehackt
2 EL Chiliflocken
2 EL Tamari (jap. Sojasauce)
100 ml Pilzbrühe
4 Frühlingszwiebeln, in feinen Scheiben
10 Radieschen, in feinen Scheiben
1 EL Sesamsamen

Die Rosenkohlröschen halbieren und mit dem Grünkohl in eine große Schüssel geben. Das Salz darüberstreuen und gut untermischen.

1 Apfel schälen, grob schneiden und mit Ingwer, Knoblauch, Chiliflocken und Tamari in der Küchenmaschine oder im Mixer zu einer dicken Paste pürieren. Dabei zwischendurch die Masse von den Wänden des Geräts nach unten schaben. Zuletzt die Brühe zufügen und untermixen. Die Würzpaste zum Gemüse geben und alles mit den Händen gründlich verkneten, sodass das Gemüse etwas weicher wird und Flüssigkeit austritt. Den zweiten Apfel in feine Scheiben schneiden und mit Radieschenscheiben und Sesamsamen untermischen.

Die Kimchi-Mischung in ein großes, verschließbares Glas oder Plastikgefäß geben und fest zusammenpressen, damit keine Luftlöcher entstehen. Die Flüssigkeit, die das Gemüse abgegeben hat, sollte es jetzt vollständig bedecken. Das Kimchi mit einem passenden Gewicht beschweren (zum Beispiel mit einem wassergefüllten Glas), sodass es von Lake bedeckt bleibt. Der Abstand zwischen der Kimchi-Mischung und dem Gefäßrand sollte mindestens 2,5 cm betragen.

Das Gefäß locker mit einem Tuch abdecken und auf einen Teller stellen, falls beim Fermentieren etwas überläuft. Das Kimchi benötigt bei Raumtemperatur (18–22 °C) 3–5 Tage. Gelegentlich kontrollieren und unter die Lake drücken. Nach 3 Tagen probieren: Falls es schmeckt, das Glas verschließen und in den Kühlschrank stellen. Sonst bis zum gewünschten Säuregrad weiter fermentieren. Das Kimchi hält sich gekühlt bis zu 6 Monate.

GEBACKENE AUBERGINE MIT MISO-CREME (V)

FÜR 4 PERSONEN

Weißlich, rot, dunkelbraun: Miso, die japanische Paste aus fermentierten Sojabohnen, kommt in vielen Farben und Geschmacksrichtungen daher. Viele Misosorten enthalten außer Soja auch Reis oder Gerste. Das Ausgangsprodukt wird mit einem Schimmelpilz geimpft, der Stärke und Eiweiß der Grundmasse abbaut und dabei nicht nur für den großartig würzigen Geschmack der fertigen Paste sorgt, sondern auch dafür, dass sie lauter gesunde Nährstoffe mitbringt: wertvolle Enzyme, B-Vitamine und sämtliche essenzielle Aminosäuren.

Für die Auberginen
2 Auberginen
1 EL Olivenöl
Meersalz

Für die Misocreme
80 g rohe Cashewkerne, aktiviert (s. S. 19)
1 EL helle Misopaste (Asia- oder Bioladen)
1 EL Tahin (Sesammus)
1 EL Tamarindenpaste (Asialaden)
3 EL Tamari (jap. Sojasauce)
1 EL Ahornsirup oder Kokosblütensirup
3 EL frisch gepresster Orangensaft
1 Stück Ingwer (2,5 cm), geschält
1 große Knoblauchzehe, geschält
1 EL Olivenöl
¼ TL gemahlener Koriander
3–5 EL Kokosmilch
1 Prise Meersalz

Außerdem
schwarze und helle Sesamsamen, geröstet, zum Garnieren

Den Backofen auf 200 °C (Umluft) vorheizen. Ein Blech mit Backpapier belegen. Die Auberginen längs halbieren und das Fruchtfleisch rautenförmig tief einritzen, damit der Dampf entweichen kann. Die Auberginen mit der Schnittfläche nach oben auf das Blech legen, mit dem Olivenöl beträufeln, salzen und im vorgeheizten Ofen etwa 25 Minuten backen, bis sie weich werden.

In der Zwischenzeit für die Misocreme Cashewkerne, Misopaste, Tahin, Tamarindenpaste, Tamari, Sirup, Orangensaft, Ingwer, Knoblauch, Olivenöl, Koriander und 3 EL Kokosmilch mit 1 Prise Salz in der Küchenmaschine oder im Mixer zu einer glatten Paste pürieren. Falls die Creme zu fest ist, noch etwas Kokosmilch zufügen.

Auberginen aus dem Ofen nehmen und mit der Creme bestreichen, dann im Ofen weitere 10 Minuten backen, bis sie sehr weich geworden sind. Während der letzten Minuten der Garzeit den Grill zuschalten, um die Oberfläche leicht zu bräunen.

Die fertigen Auberginen herausnehmen, etwas abkühlen lassen und zum Servieren mit Sesam bestreuen.

SÜSS-KARTOFFEL-CHICORÉE-SALAT MIT FEIGEN UND SUMACH

FÜR 4 PERSONEN

Unter yogischen Gesichtspunkten ist dieser Salat das perfekte Essen: Er kombiniert die Weichheit von Röstgemüse mit der Cremigkeit von Ziegenkäse, die Süße von Obst mit der Bitterkeit von Chicorée – und alles wird durch das wunderbare Dressing geschmacklich verbunden. Tja, und dann ist er auch noch gesund und absolut köstlich. Kann man von einem Salat mehr erwarten?

4 kleine Süßkartoffeln (insgesamt 1 kg)
75 g Kokosöl, geschmolzen
1 TL Sumach
Meersalz und grob gemahlener schwarzer Pfeffer
4 TL Balsamico-Essig
4 TL Ahornsirup
2 TL Orangenblütenwasser
2 EL Olivenöl
2 Stauden Chicorée, Blätter abgelöst
100 g roter Babymangold oder -spinat
4 Frühlingszwiebeln, schräg in feine Scheiben geschnitten
6 reife Feigen
150 g Ziegenweichkäse, zerbröselt

Den Backofen auf 220 °C (Umluft) vorheizen. Ein Backblech mit Backpapier belegen. Die Süßkartoffeln längs halbieren und jede Hälfte längs in drei bis fünf Spalten schneiden.

Die Süßkartoffelspalten in einer großen Schüssel mit Kokosöl, Sumach und etwas Salz und Pfeffer vermischen, dann mit der Hautseite nach unten auf dem Backblech verteilen. Die Spalten im vorgeheizten Ofen in 25 Minuten weich und goldbraun backen, herausnehmen und abkühlen lassen.

Für das Dressing Balsamico-Essig, Ahornsirup, Orangenblütenwasser, Olivenöl, Salz und Pfeffer in einem kleinen Krug verquirlen.

Die Süßkartoffeln in einer großen Schüssel mit Chicoréeblättern, Mangold oder Spinat und Frühlingszwiebeln mischen. Den Salat auf eine große Servierplatte geben. Die Feigen in Stücke reißen und darauf verteilen. Alles mit dem zerbröselten Ziegenkäse bestreuen und mit etwas Dressing beträufeln.

Den Salat bei Zimmertemperatur servieren und das übrige Dressing dazu reichen.

INNER-GLOW-SAFT

V FÜR 2 PERSONEN

Hier kann man wirklich von einem Heiltrank sprechen: Er hilft gegen steife Gelenke und Muskeln genauso wie gegen Krämpfe und Durchblutungsstörungen. Die Kurkuma steuert jede Menge Antioxidantien sowie krebs- und entzündungshemmende Wirkstoffe bei. Zusätzlich wirken Möhren positiv auf Magen, Leber und Lunge, und Süßkartoffeln stabilisieren den Blutzuckerspiegel. Dieser Saft gibt Ihrem erschöpften Körper einen Energieschub und sorgt für ein gesundes inneres Leuchten.

½ Süßkartoffel, geschält
2 Möhren, gründlich abgebürstet, aber nicht geschält
1 gelbe oder rote Paprikaschote, entkernt, Stiel entfernt
1 Limette, geschält
1 Stück frische Kurkuma (1 cm; ersatzweise ½ TL gemahlene Kurkuma)

Alle Zutaten in einen Entsafter geben. Den Saft sofort servieren.

SAKRAL-CHAKRASAFT

V FÜR 2 PERSONEN

Fenchel enthält sogenannte Phytoöstrogene, die dem weiblichen Hormon Östrogen in ihrem Aufbau ähneln. Schon seit Jahrhunderten wird er deshalb immer dann eingesetzt, wenn Schwankungen des weiblichen Hormonspiegels Beschwerden verursachen, etwa in den Wechseljahren oder beim prämenstruellen Syndrom. Außerdem sorgt Fenchel dafür, dass Endorphine ausgeschüttet werden. Diese »Glückshormone« heben die Laune, und man geht sogar davon aus, dass sie gegen depressive Verstimmungen, Sorgen und Ängste helfen können.

2 große Fenchelknollen mit Grün
2 Birnen
1 Stück Ingwer (2,5 cm)
4 Stängel Minze
2 EL Aloe-vera-Saft

Fenchel, Birnen, Ingwer und Minze in einen Entsafter geben. Die Aloe vera in den Saft einrühren und sofort servieren.

Links: Sakralchakrasaft **Rechts:** Inner-Glow-Saft

FRUCH-TIGER REJUVELAC-DRINK MIT EISCREME

Ⓥ **FÜR 2 PERSONEN**

Rejuvelac – klingt komisch? Stimmt, ist aber supergesund und perfekt für einen Energieschub. Unter Rejuvelac oder Brottrunk versteht man ein fermentiertes (aber alkoholfreies) Getränk, das aus gekeimtem Getreide hergestellt wird. Es ist probiotisch und damit gut für die Verdauung, und es liefert reichlich B-Vitamine. Man kann Brottrunk in Reformhäusern und Bioläden kaufen oder ihn einfach selbst machen – hier erkläre ich, wie es geht. Das fertige Getränk sieht gelblich-trüb aus, schmeckt süß-säuerlich und prickelt leicht. Die Methode funktioniert mit vielen Getreidesorten und Körnern. Ich habe mich hier für Quinoa entschieden, weil das Andenkorn ziemlich schnell keimt. Der gesamte Herstellungsprozess dauert etwa drei Tage.

Für den Rejuvelac
200 g Quinoa

Für den Fruchtdrink
200 ml frisch gepresster Clementinensaft
Kokos-Miso-Eis mit Ingwer (s. S. 157)
2 Passionsfrüchte, Fruchtfleisch ausgelöst

Für den Rejuvelac die Quinoa in einem feinen Sieb gründlich mit heißem Wasser abspülen und in einer Schüssel mit kaltem Wasser bedecken. Die Quinoa 12 Stunden einweichen lassen.

Am nächsten Tag die Quinoa in ein feines Sieb aus Plastik oder Edelstahl (solche aus gewöhnlichem Stahl eignen sich nicht) abgießen, abspülen und zum Keimen im Sieb stehen lassen, dabei mit einem Tuch abdecken. Normalerweise keimt Quinoa bei Raumtemperatur innerhalb von 24 Stunden. Zwischendurch gelegentlich abspülen und wieder abtropfen lassen. Die Quinoa soll feucht bleiben, aber nicht im Wasser stehen.

Sobald die Quinoa anfängt zu keimen, erneut abspülen, in einen großen Glaskrug umfüllen und mit 1,5 l gefiltertem Wasser bedecken. Den Krug an einem warmen, schattigen Ort 2 Tage stehen lassen und den Inhalt mindestens einmal täglich umrühren. Der Rejuvelac ist fertig, wenn die Flüssigkeit trüb geworden ist. Jetzt das Getränk durch ein Sieb abgießen (die Quinoa entsorgen), in zwei saubere Flaschen umfüllen und bis zu 1 Woche im Kühlschrank aufbewahren. Der Rejuvelac wird mit der Zeit immer süßer.

Für den Fruchtdrink 60 ml Rejuvelac mit dem Clementinensaft mischen. In zwei große Gläser jeweils eine Kugel Eiscreme geben und den Saft darübergießen, sodass die Eiskugel aufsteigt. Das Passionsfruchtfleisch darübergeben und die Drinks sofort mit Strohhalmen und langstieligen Löffeln servieren.

GRÜNTEE-AVOCADO-MOUSSE MIT LIMETTE

V FÜR 2 PERSONEN

Wenn es ein Lebensmittel gibt, auf das ich nicht verzichten konnte, dann ist es wohl die Avocado. Etwas Ausgewogeneres als diese Frucht ist kaum denkbar: Eine einzige liefert etwa 40 Prozent des Tagesbedarfs an Ballaststoffen und etwa 30 Prozent des Kalium- und Folsäurebedarfs.

Dazu enthalten Avocados reichlich Ölsäure (eine Omega-3-Fettsäure), die sich positiv auf den Cholesterinspiegel auswirkt. Ihr cremig-weiches Fruchtfleisch sorgt außerdem für einen ausgewogenen Hormonhaushalt, verhindert Achterbahnfahrten des Insulinspiegels, fördert eine glatte, gesunde Haut, stellt gleichmäßig Energie zur Verfügung und liefert wertvolle Verdauungsenzyme.

2 kleine Avocados oder 1 große (etwa
    250 g Fruchtfleisch), halbiert,
    entsteint, Fruchtfleisch ausgelöst
abgeriebene Schale und Saft von
    2 Bio-Limetten
50 g Honig oder Kokosblütensirup
50 g Kokosöl, geschmolzen
½ TL Matchapulver
Pistazien, fein gehackt, zum Garnieren

Das Avocadofruchtfleisch mit Limettenschale und -saft, Honig oder Kokosblütensirup, Kokosöl und Matcha in einer Küchenmaschine oder im Mixer glatt pürieren.

Die Mischung auf zwei Gläser oder Schälchen verteilen, mit Frischhaltefolie abdecken und 1 Stunde im Kühlschrank fest werden lassen.

Die Mousse kurz vor dem Servieren mit Pistazien bestreuen und genüsslich löffeln. (Gegessen werden sollte sie auf jeden Fall am Tag der Zubereitung, weil sie sich sonst verfärbt.)

ZIMT-JOGHURT-EIS MIT ERDBEEREN

FÜR 6 PERSONEN

Welche Bakterienstämme sich im Darm tummeln, hat enormen Einfluss auf unsere Gesundheit. Gute Bakterien schützen vor Entzündungen, wogegen andere Stämme durch ihre schädlichen Stoffwechselprodukte Entzündungen im Darm hervorrufen können. Probiotische Lebensmittel können helfen, die richtigen Bakterienkulturen im Darm anzusiedeln (der Begriff probiotisch bedeutet »lebensfördernd«). Zu diesen Lebensmitteln gehören fermentiertes Gemüse genauso wie Joghurt und andere Sauermilchprodukte. Zuckerfreier Joghurt ohne künstliche Aromen darf deshalb gerne regelmäßig auf dem Speiseplan stehen. Ich habe ihn hier mit Erdbeeren kombiniert, die durch das Backen im Ofen einen besonders intensiven Geschmack bekommen. Der Balsamico-Essig setzt mit seiner Säure einen Kontrapunkt zu ihrer Süße.

Für das Joghurteis

500 g Joghurt (nach Belieben Vollmilchjoghurt oder griechischer Sahnejoghurt; 3,5–10 % Fett)
4 EL Ahornsirup
½ TL gemahlener Zimt
Mark von 2 Vanilleschoten
200 g Heidelbeeren oder Brombeeren, verlesen
25 g rohe Kakao-Nibs
50 g rohe Pistazienkerne, grob gehackt, plus Pistazienkerne zum Garnieren

Für die gebackenen Erdbeeren

500 g Erdbeeren, geviertelt
Mark von 2 Vanilleschoten
1 EL Balsamico-Essig

Eine quadratische Form (20 × 20 cm) mit Backpapier auslegen. Joghurt, Ahornsirup, Zimt und Vanillemark in einer Schüssel verrühren. Beeren und Kakao-Nibs vorsichtig unterheben, bis alles gut vermischt ist. Die Mischung in die Form gießen und glatt streichen. Dabei darauf achten, dass die Beeren gut verteilt sind. Die gehackten Pistazien darüberstreuen, die Form mit Frischhaltefolie abdecken und über Nacht oder bis zum Servieren ins Tiefkühlgerät stellen.

Spätestens 1½ Stunden vor dem Servieren den Backofen auf 160 °C (Umluft) vorheizen. Die Erdbeeren nebeneinander in einer ofenfesten Form verteilen. In einer kleinen Schüssel das Vanillemark und den Balsamico-Essig mit 1 EL Wasser verrühren. Die Erdbeeren mit dieser Mischung beträufeln und im vorgeheizten Ofen etwa 20 Minuten backen, bis sie weich sind. Herausnehmen und abkühlen lassen.

Die Flüssigkeit von den Erdbeeren in einen kleinen Topf abgießen, aufkochen und dicklich einkochen. Die Sauce abkühlen lassen.

Zum Servieren auf sechs Teller jeweils etwas Balsamico-Sauce geben. Das Joghurteis in Streifen schneiden und mit den Erdbeeren auf die Teller verteilen. Alles mit gehackten Pistazien bestreuen und sofort servieren.

SCHOKO-QUINOA-SCHNITTEN MIT MACA

(V) FÜR 12 SCHNITTEN

Das Sakralchakra ist mit Gefühlen, Begehren und Sexualität assoziiert. Wenn wir uns etwas wünschen, dann führt uns dieses Begehren auf den Weg zu etwas Größerem: Veränderung. Sobald dieses Begehren aufhört, verlieren wir auch die Fähigkeit zu wachsen.

Die Maca-Pflanze kann das Begehren unterstützen. Sie stammt aus den Anden, wo sie unter härtesten klimatischen Bedingungen überlebt. In der Alternativmedizin gilt sie als Adaptogen, hilft also dem Körper dabei, mit Veränderung und Stress umzugehen. Maca bringt sowohl bei Männern als auch bei Frauen die Hormone ins Gleichgewicht, wodurch das sexuelle Begehren unterstützt wird. Macapulver können Sie in den morgendlichen Smoothie rühren – oder Sie gönnen sich diese leckere Süßigkeit. Die Schnitten schmecken am besten direkt aus dem Kühlschrank. Variieren Sie das Rezept durch andere gepuffte Körner.

120 g Kokosöl

2 EL Kokosblütensirup, Honig oder Ahornsirup

60 g rohes Kakaopulver

40 g Macapulver

1 Prise Meersalz

80 g gepuffte Quinoa (oder andere gepuffte Körner wie Reis, Buchweizen oder Hirse)

80 g rohe Haselnüsse, geröstet und grob gehackt

40 g ungesüßte getrocknete Cranberrys, grob gehackt

40 g rohe Pistazienkerne, grob gehackt

Das Kokosöl in einem mittelgroßen Topf bei schwacher bis mittlerer Hitze schmelzen lassen. Das gewünschte Süßungsmittel dazugeben und unterrühren. Kakao- und Macapulver sowie Salz dazufügen und rühren, bis eine Paste entsteht. Den Topf vom Herd nehmen.

Die gepuffte Quinoa dazugeben und gründlich unterrühren, sodass sie vollständig von der Paste überzogen ist. Die Mischung abschmecken und nach Belieben noch etwas Salz zufügen.

Eine rechteckige Form (15 × 20 cm) mit Backpapier auslegen, die Schoko-Quinoa-Masse hineingeben und mit den Händen flach drücken.

Die Haselnüsse, Cranberrys und Pistazien gleichmäßig auf der Oberfläche verteilen, mit den Handballen in die Masse drücken und diese dabei nochmals flach drücken. Alles abkühlen lassen und zum Festwerden 30 Minuten in den Kühlschrank stellen. Zum Servieren in Stücke schneiden.

Die Schnitten können im Kühlschrank 1 Woche aubewahrt werden. Sie lassen sich aber auch einfrieren; dann halten sie sich bis zu 2 Monate.

Beleben

In diesem Kapitel geht es um das dritte Chakra, das Nabelchakra oder *manipura*. Es dient dazu, die stoffliche Welt des ersten und die Energie des zweiten Chakras in bewusst gerichtete Aktivität umzusetzen. An dieser Stelle kommen unsere Energiesysteme ins Spiel.

Entscheidend für einen ausgewogenen Zustand dieser Systeme ist unsere Fähigkeit, mit Stress umzugehen. Dafür lässt sich durch Ernährung einiges tun, vor allem, indem wir einfache Kohlenhydrate wie Weißmehl und Zucker reduzieren oder ganz eliminieren und durch komplexe Kohlenhydrate ersetzen. Diese brauchen länger, um vom Körper verdaut zu werden, sodass über einen längeren Zeitraum hinweg Energie zur Verfügung steht. So werden die Energiereserven kontinuierlich aufgefüllt.

Die Rezepte in diesem Kapitel zielen darauf ab, dass Sie sich den ganzen Tag satt, zufrieden und voller Energie fühlen. Die Kohlenhydrate stammen aus Süßkartoffeln, Hülsenfrüchten, Hafer und Vollkornprodukten. Außerdem setze ich hier natürliche Stoffwechsel-Booster wie Zimt, Mandeln oder Spinat und feurige Zutaten wie Kurkuma, Ingwer und Chili ein. Sie alle liefern nicht nur wertvolle Nährstoffe, sondern unterstützen den Körper auch dabei, Energiereserven vorzuhalten.

ENERGIE-LAKRITZ-TOFFEE

 FÜR 14 STÜCK

Süßholz, das Lakritz seinen typischen Geschmack verleiht, gehört zu meinen liebsten pflanzlichen Wirkstoffen. Es wirkt insbesondere auf die Nebenniere, aber Studien zeigen, dass es auch das endokrine System positiv beeinflusst: Süßholz enthält Phytoöstrogene und kann bei Frauen den Testosteronspiegel senken – besonders wichtig bei Polyzystischem Ovar-Syndrom (PCO) oder bei einem unregelmäßigen Zyklus. Aber Achtung: Nehmen Sie nicht mehr als 15 g Süßholz am Tag zu sich (vgl. S. 161)!

300 g entsteinte Trockenpflaumen
40 g Kokosöl, geschmolzen
40 g gemahlene Mandeln
2 TL Carobpulver (nach Belieben)
2 TL rohes Süßholzpulver (Apotheke oder Internethandel), plus Süßholzpulver zum Bestäuben
¼ TL gemahlener Sternanis
½ TL Himalajasalz

Alle Zutaten in eine Küchenmaschine geben und mixen, bis eine klebrige Masse entsteht. Das kann bis zu 5 Minuten dauern.

Eine quadratische Backform (20 × 20 cm) mit Backpapier auslegen. Die Toffeemasse hineinpressen, mit Süßholzpulver bestäuben und die Form für 1 Stunde in den Kühlschrank stellen.

Sobald die Toffeemasse durchgekühlt ist, die Form aus dem Kühlschrank nehmen und das Toffee mit dem Backpapier herausheben. Das Toffee in Quadrate schneiden und als kleinen Energie-Booster zwischendurch naschen.

MACA-LUCUMA-POPCORN

 FÜR 4 PERSONEN

Die Andenpflanze Maca und die Andenfrucht Lucuma sind wegen ihres angenehmen Geschmacks beliebte Superfoods. Maca ist vor allem für Sportler ein Geschenk, denn es verleiht Energie, Durchhaltevermögen und Ausdauer. Außerdem sorgt es für einen ausgeglichenen Hormonspiegel und fördert die Fruchtbarkeit.

120 g Kokosöl
200 g Popcornmais
½ TL feines Himalajasalz
2 EL Macapulver
2 EL Lucumapulver

Das Kokosöl in einem großen, schweren Topf bei mittlerer bis starker Hitze schmelzen lassen. 4 Maiskörner in den Topf geben und den Deckel auflegen. Sobald sie aufspringen, den Rest des Popcorns dazugeben, den Deckel wieder schließen und den Topf 30 Sekunden vom Herd nehmen. Dann erneut erhitzen, bis die Körner poppen, dabei zwischendurch den Topf rütteln. Sobald die Geräusche seltener werden, den Topf vom Herd nehmen und etwas abkühlen lassen. Das Popcorn in eine große Schüssel geben und mit Salz, Maca- und Lucumapulver bestreuen. Alles gründlich vermischen und sofort servieren.

Links: Energie-Lakritztoffee **Rechts:** Maca-Lucuma-Popcorn

HAFER-GRANOLA

FÜR 12 PERSONEN

500 g Haferflocken
200 g Quinoaflocken
200 g rohe Mandeln
200 g rohe Haselnüsse
200 g Kürbiskerne
200 g Sonnenblumenkerne
100 g Leinsamen
150 g ungesüßte getrocknete Cranberrys
150 g Sultaninen
2 TL gemahlener Zimt
Mark von 1 Vanilleschote
500 g Honig
400 ml Olivenöl

Den Backofen auf 160 °C (Umluft) vorheizen. Drei Backbleche mit Backpapier belegen. Alle trockenen Zutaten in einer großen Schüssel mischen.

Vanillemark, Honig und Olivenöl in einem Topf leicht erhitzen, bis die Mischung dünnflüssig wird. So vermischt sie sich besser mit den trockenen Zutaten. Den Topf vom Herd nehmen.

Die Honigmischung über die Haferflockenmischung gießen und alles gründlich verrühren. Die Granolamasse auf den vorbereiteten Backblechen möglichst gleichmäßig verteilen, sodass sie eine höchstens 2 cm dicke Schicht bildet. Das Granola im vorgeheizten Ofen in etwa 35 Minuten goldbraun backen.

Die Bleche aus dem Ofen nehmen und das Granola vollständig abkühlen lassen. Es sollte sich trocken anfühlen. Wenn es zu klebrig ist, die Mischung weitere 10 Minuten backen, dabei aber darauf achten, dass sie nicht anbrennt.

Damit das Granola zu den typischen Knusperklümpchen zusammenbackt, ist es wichtig, es weder während des Backens noch während des Abkühlens immer wieder umzurühren.

Sobald es abgekühlt ist, das Granola zur Aufbewahrung in einen luftdichten Behälter füllen. Später zum Servieren die Klümpchen, falls nötig, mit den Fingern zerbröseln.

CHIA-BANANEN-BROT MIT KOKOS-JOGHURT

FÜR 10 PERSONEN

Wussten Sie schon, dass sich die Nährstoffzusammensetzung von Bananen im Verlauf der Reifung verändert? Japanische Wissenschaftler haben nachgewiesen, dass der Gehalt an Antioxidantien und krebshemmenen Wirkstoffen in den Früchten steigt, je reifer sie sind. Überreife Bananen mit braunen Flecken auf der Schale bilden einen Stoff namens Tumornekrosefaktor (TNF), der Krebszellen angreift. Also, ran an die Bananen mit den braunen Flecken! Sie stärken tatsächlich das Immunsystem.

Für das Bananenbrot

450 g überreife Bananen, geschält und gründlich zerdrückt
5 Eier
90 g Honig
90 ml Olivenöl
Mark von 1 Vanilleschote
1 TL gemahlener Zimt
1 TL Backpulver
2 EL Zitronensaft
300 g gemahlene Mandeln
30 g Chiasamen
1 knapp reife Banane, geschält

Für den Kokosjoghurt

300 g Kokosmilchjoghurt
85 g Honig, plus Honig zum Beträufeln
1 TL gemahlener Zimt
Mark von ½ Vanilleschote

Den Backofen auf 160 °C (Umluft) vorheizen. Eine Kastenform (30 × 10 cm) mit Backpapier auslegen.

Die zerdrückten Bananen in einer großen Schüssel mit Eiern, Honig, Öl, Vanillemark, Zimt, Backpulver und Zitronensaft verrühren. Gemahlene Mandeln und Chiasamen gründlich untermischen.

Die Masse in die Backform füllen und glatt streichen. Die ganze Banane längs halbieren und mit den Schnittflächen nach oben leicht in den Teig drücken. Den Kuchen im vorgeheizten Ofen etwa 1 Stunde backen.

Da dieser Kuchen sehr saftig ist, kann es sein, dass an einem hineingesteckten Holzstäbchen auch am Ende der Backzeit noch Teig hängen bleibt. Die Form aus dem Ofen nehmen und den Kuchen darin vollständig abkühlen lassen. Erst dann herausnehmen und das Backpapier entfernen.

Für den Kokosjoghurt alle Zutaten in einer Küchenmaschine oder im Mixer dickcremig aufschlagen.

Zum Servieren Scheiben von dem Bananenbrot abschneiden und nach Wunsch unter dem heißen Backofengrill oder im Toaster hellbraun rösten. Die Scheiben auf Teller legen und jeweils mit einem Klecks Kokosjoghurt und mit Honig beträufelt servieren.

KICHER-ERBSEN-CRACKER MIT ZA'ATAR

 FÜR 32 STÜCK

Für das Za'atar

1 EL fein gehackter Oregano
(ersatzweise 1 TL getrockneter Oregano)

1 EL fein gehackter Majoran
(ersatzweise 1 TL getrockneter Majoran)

1 EL Sumach

1 EL gemahlener Kreuzküm-
mel

1 TL Fenchelsamen, geröstet

1 EL Sesamsamen, geröstet

1 TL Meersalz

1 TL grob gemahlener
schwarzer Pfeffer

Für die Cracker

350 g Kichererbsenmehl

1 TL Meersalz

1 TL Backpulver

2 EL Olivenöl

Außerdem

Kichererbsenmehl zum
Verarbeiten

Olivenöl zum Bestreichen

Meersalzflocken zum
Bestreuen

Falls Sie für das Za'atar frische Kräuter verwenden, den Backofen auf 180 °C (Umluft) vorheizen. Oregano und Majoran auf einem Backblech ausbreiten und 10 Minuten im Ofen trocknen.

Oregano- und Majoranblättchen in einem Mörser fein zerreiben, dabei verholzte Stängel entfernen. Sumach, Kreuzkümmel, Fenchel- und Sesamsamen, Salz und Pfeffer zufügen und alles noch ein wenig vermischen und zerreiben.

Für die Cracker Kichererbsenmehl, Salz und Backpulver in einer großen Schüssel vermischen. Das Öl mit den Händen untermischen, dabei die Mischung zwischen den Fingern zerreiben, damit sich keine Klümpchen bilden. Nach und nach 75 ml warmes Wasser unterkneten, bis sich alles zu einem Teig zusammenballt (falls er zu trocken wirkt, noch etwas Wasser dazugeben). Den Teig auf der bemehlten Arbeitsfläche 5 Minuten kneten. (Sie können auch Mehl, Salz und Backpulver in der Küchenmaschine mit dem Knethaken vermischen, dann das Olivenöl untermischen und bei laufendem Motor nach und nach das Wasser zufügen, bis sich ein Teig formt. Den Teig danach noch 1 Minute in der Maschine kneten.)

Den Teig halbieren, beide Hälften in Frischhaltefolie wickeln und flach drücken, dann 15 Minuten ruhen lassen.

In der Zwischenzeit den Backofen auf 180 °C (Umluft) vorheizen. Zwei Backbleche mit Backpapier belegen. Auf der Arbeitsfläche ebenfalls zwei Bögen Backpapier bereitlegen.

Eine Teighälfte auf einen Bogen Backpapier legen und mit angefeuchteten Händen flach drücken. Den zweiten Bogen Backpapier darauflegen und den Teig dazwischen 3–4 mm dick ausrollen. Den oberen Bogen abziehen und die Teigränder mit einem Messer begradigen. Die zweite Teighälfte ebenso verarbeiten.

Die Teigplatten mit etwas Za'atar bestreuen und den Belag mit der Teigrolle festdrücken. Die Oberfläche mithilfe eines Backpinsels mit Olivenöl bestreichen und mit Salzflocken bestreuen. Mit einem scharfen Messer oder Pizzaschneider nach Belieben in Cracker in beliebiger Form teilen (quadratische sind am einfachsten) und diese auf die vorbereiteten Bleche legen.

Die Cracker 15–20 Minuten im vorgeheizten Ofen backen, bis sie leicht gebräunt sind. Die fertigen Cracker auf den Blechen abkühlen lassen und in einem luftdichten Behälter aufbewahren.

MUHAMMARA

V **FÜR 4–6 PERSONEN**

**Achtung, diese Paste macht
süchtig! Sie schmeckt prima
zu den Kichererbsencrackern
mit Za'atar (s. S. 76).**

4 rote Paprikaschoten
90 ml Olivenöl, plus Olivenöl zum
    Beträufeln
2 Knoblauchzehen, geschält
90 g rohe Walnusskerne
100 g Kichererbsen, gegart,
    abgetropft
1 Handvoll Koriandergrün,
    Blätter abgezupft
2 EL Granatapfelsirup
Saft von 1 Zitrone
1 TL gemahlener Kreuzkümmel
1 TL Sumach
½ TL Chiliflocken
1 TL Himalajasalz
grob gemahlener schwarzer
    Pfeffer

Links: Muhammara **Rechts:** Kichererbsencracker mit Za'atar

Den Backofen auf 220 °C (Umluft) vorheizen. Die Paprikaschoten auf ein Blech mit Backpapier legen, mit etwas Olivenöl beträufeln und im vorgeheizten Ofen rösten, bis sie weich sind und die Haut schwarze Blasen bekommt (nach Belieben zum Schluss den Backofengrill zuschalten, um mehr Röstaromen zu erhalten).

Die gerösteten Paprikaschoten herausnehmen, in eine Schüssel legen, mit Frischhaltefolie abdecken und 10 Minuten abkühlen lassen (so sind sie leichter zu schälen). Von den abgekühlten Schoten die Haut mit den Fingern abziehen. Die Schoten halbieren und Stiele, Samen und Scheidewände entfernen.

Das Paprikafruchtfleisch mit dem Knoblauch in der Küchenmaschine oder im Mixer glatt pürieren. Die übrigen Zutaten zufügen und weitermixen, bis eine glatte Paste entstanden ist. Die Muhammara mit Salz und Pfeffer abschmecken und mit etwas Olivenöl beträufelt servieren.

GEBACKENE SÜSS-KARTOFFELN MIT AVOCADO, GRANAT-APFEL & KOKOS ⓥ

FÜR 2 PERSONEN

Ofenkartoffeln kann man sogar noch gesünder machen, wenn man sie mit Süßkartoffeln zubereitet. Die kräftig orangefarbenen Knollen sind prall gefüllt mit Nähr- und Vitalstoffen: Sie enthalten Antioxidantien und viele Vitamine und Mineralstoffe. Die perfekte Basis für diese gesunde kleine Mahlzeit!

2 kleine Süßkartoffeln (insgesamt
    etwa 350 g)
50 g Kokosöl, geschmolzen
½ rote Zwiebel, in dünnen Scheiben
80 g schwarze Bohnen, gekocht und
    abgetropft
50 g Spinat
½ TL gemahlener Kreuzkümmel
Meersalz und grob gemahlener
    schwarzer Pfeffer
½ Avocado, entsteint, geschält und
    gewürfelt
1 EL Kokos-Chips, geröstet
2 EL Korianderblättchen, gehackt
20 g Rucola
¼ Granatapfel, Kerne ausgelöst
Meersalzflocken
2 Limettenspalten

Den Backofen auf 200 °C (Umluft) vorheizen. Ein Backblech mit Backpapier belegen. Die Süßkartoffeln mit einem kleinen, spitzen Messer mehrfach einstechen und auf ein Blech mit Backpapier belegen. Die Knollen im vorgeheizten Ofen etwa 50 Minuten backen, bis sie sich auf Druck weich anfühlen. Herausnehmen und etwas abkühlen lassen.

In der Zwischenzeit 2 EL Kokosöl in einer großen Pfanne schmelzen. Die Zwiebel darin unter häufigem Wenden bei mittlerer Hitze anbraten, bis sie duftet. Die Temperatur auf schwache Hitze herunterschalten und die Zwiebel in weiteren 15 Minuten weich schwitzen. Bohnen, Spinat und Kreuzkümmel zufügen, mit Salz und Pfeffer würzen und alles vorsichtig mischen. 1 weitere Minute dünsten, bis der Spinat zusammenfällt und die Bohnen vollständig erhitzt sind.

Zum Servieren die Süßkartoffeln oben längs aufschneiden und die Haut an den Seiten etwas nach unten drücken, sodass ein Teil des Fruchtfleischs freiliegt. Die Kartoffeln mit Salz, Pfeffer und jeweils ½ EL Kokosöl würzen. Die Spinat-Bohnen-Mischung darauf verteilen, dann Avocado, Kokos-Chips, Koriander, Rucola, Granatapfelkerne, Meersalzflocken und schwarzen Pfeffer darauf verteilen. Die Süßkartoffeln mit je 1 Limettenspalte servieren.

RÖSTBROT-SALAT MIT ROTER BETE & LINSEN

FÜR 2 PERSONEN

Für den Salat

½ TL Gemüsebrühe

80 g Puy-Linsen, gewaschen und abgetropft

2 kleine Rote Bete-Knollen, abgebürstet

8 kleine Rübchen mit Grün, abgebürstet (ersatzweise große Radieschen)

1 EL Honig

2 EL Kokosöl, geschmolzen

Meersalz und grob gemahlener schwarzer Pfeffer

glutenfreies Sauerteigbrot (s. S. 50), in mundgerechten Stücken

2 Eier

125 g Halloumi (Grillkäse)

50 g roter Babymangold (ersatzweise Babyspinat)

2 EL Mandel-Rote-Bete-Creme mit Orange (s. S. 53)

Für das Tahindressing

Saft von 1 Limette

1 EL Tahin (Sesammus)

2 EL Olivenöl

1 Prise Meersalz

1 Prise gemahlener Koriander

Den Backofen auf 180 °C (Umluft) vorheizen. Zwei Backbleche mit Backpapier belegen. Reichlich Wasser in einem großen Topf aufkochen. Die Gemüsebrühe darin auflösen, dann die Linsen dazugeben und 20–25 Minuten kochen, bis sie weich sind, aber noch ausreichend Biss haben. Die Linsen abgießen und im Topf beiseitestellen.

Während die Linsen kochen, die Rote-Bete-Knollen vierteln und mit den Rübchen auf dem Backblech verteilen. Das Gemüse mit Honig und 1 TL Kokosöl beträufeln, mit Salz und Pfeffer würzen und gut vermischen.

Das Gemüse etwa 15 Minuten im vorgeheizten Ofen backen, bis es weich und gar ist. Herausnehmen und beiseitestellen.

In der Zwischenzeit das übrige Kokosöl in einer beschichteten Pfanne erhitzen. Die Brotstücke dazugeben und im Öl wenden, dann auf dem zweiten Backblech verteilen und im Ofen mit dem Gemüse 5–8 Minuten backen, sodass sie knusprig und hellbraun werden. Dann Gemüse und Brot herausnehmen und beiseitestellen. Die Pfanne mit dem Öl nicht säubern.

Die Eier in einem kleinen Topf in 4 Minuten weich kochen. Dann mit einem Schaumlöffel herausheben und unter fließendem kaltem Wasser abschrecken, bis sie so weit abgekühlt sind, dass man sie anfassen kann. Die Eier vorsichtig pellen und beiseitelegen.

Die Pfanne mit dem Kokosöl erneut erhitzen. Den Halloumi hineinbröseln und sorgfältig von allen Seiten goldbraun anbraten. Das dauert nur ein paar Minuten. Den Käse herausnehmen und beiseitestellen.

Für das Tahindressing Limettensaft, Tahin, Öl, Salz und Koriander gründlich verquirlen. Die gekochten Linsen und das Ofengemüse mit dem Dressing mischen, dann das geröstete Brot und die Babymangold- oder -spinatblättchen unterheben.

Den Salat auf Teller verteilen, mit dem Halloumi bestreuen und je 1 EL Mandel-Rote-Bete-Creme dazugeben. Auf jeden Teller 1 Ei setzen und unmittelbar vor dem Servieren anschneiden, sodass das Eigelb herausläuft. Den Salat sofort servieren.

KÜRBIS-CURRY-SUPPE MIT KOKOS (v)

FÜR 6–8 PERSONEN

650 g Kürbis, geschält, Samen entfernt, Fruchtfleisch in groben Stücken

50 g Kokosöl, geschmolzen

Meersalz und grob gemahlener schwarzer Pfeffer

1 große rote Zwiebel, grob gehackt

4 Knoblauchzehen, geschält

1 Stängel Zitronengras, angedrückt

2 EL rote Thai-Currypaste (vegane Sorte ohne Garnelenpaste)

2 TL geriebener Ingwer

1 l Gemüsebrühe

400 ml Kokosmilch

2 EL Ahornsirup

Saft von 1 Limette

Den Backofen auf 200 °C (Umluft) vorheizen. Ein Backblech mit Backpapier belegen. Die Kürbisstücke darauf verteilen, mit 2 EL Kokosöl beträufeln und mit Salz und Pfeffer würzen. Den Kürbis im Ofen 30–40 Minuten backen, bis er weich und vollständig gar ist. Herausnehmen und beiseitestellen.

Das restliche Kokosöl in einem großen Topf erhitzen und die Zwiebel darin bei mittlerer Hitze glasig anschwitzen. Knoblauch, Zitronengras, Currypaste und Ingwer zufügen und alles 2–3 Minuten andünsten, bis es duftet.

Die Kürbiswürfel unterrühren und mit einem Kochlöffel etwas zerdrücken. Bevor der Kürbis am Topfboden ansetzt, die Gemüsebrühe angießen, alles aufkochen und vom Herd nehmen. Dann Kokosmilch, Ahornsirup und Limettensaft zufügen und alles mit einem Stabmixer glatt pürieren. Falls nötig, die Suppe nochmals sanft erwärmen und zum Schluss mit Salz und Pfeffer abschmecken.

SAMTIGES WEISSE-BOHNEN-»RISOTTO«

V **FÜR 6 PERSONEN**

Wenn mir nach etwas Wärmendem ist, das richtig schön satt macht, dann gibt es kaum etwas Besseres als Risotto. Hier habe ich allerdings den Reis durch weiße Bohnen ersetzt, die zusätzliche Ballaststoffe und jede Menge Geschmack mitbringen. So ist ein wunderbar leichtes Gericht entstanden, dem die Zitronenschale zusätzliche Frische verleiht.

500 ml Gemüsebrühe
50 g Kokosöl
1 Zwiebel, fein gehackt
2 Knoblauchzehen, fein gehackt
2 Lauchstangen, geputzt, in Ringen
500 g Dicke Bohnen (TK)
2 Dosen Cannellinibohnen (à 400 g;
    ersatzweise eine andere Sorte weiße
    Bohnen), abgegossen
250 g Blattspinat
abgeriebene Schale und Saft von
    1 Bio-Zitrone, plus Zitronenschale
    zum Garnieren
3 Zweige Thymian, Blätter abgezupft,
    plus Thymianblättchen zum Ab-
    schmecken und Garnieren
Himalajasalz und grob gemahlener
    schwarzer Pfeffer

Die Gemüsebrühe in einem Topf bei mittlerer Hitze zum Köcheln bringen und beiseitestellen.

Das Kokosöl in einem großen Topf bei mittlerer Hitze schmelzen lassen. Zwiebel, Knoblauch und Lauchringe darin in 5–8 Minuten glasig und weich anschwitzen, dabei gelegentlich umrühren. 225 ml Brühe angießen und unter Rühren einkochen lassen, bis die Flüssigkeit fast ganz verkocht ist. Dicke und weiße Bohnen sowie die übrige Brühe zufügen und alles unter Rühren erhitzen. Den Spinat unterheben und zusammenfallen lassen. Zum Schluss Zitronenschale und -saft sowie Thymianblättchen einrühren.

Bohnen-Risotto vom Herd nehmen und mit Salz, Pfeffer und nach Belieben mehr Thymian abschmecken. Mit Zitronenschale und Thymianblättchen garnieren und sofort servieren.

SÜSS-KARTOFFEL-GNOCCHI MIT WALNUSS-PESTO & SALBEI

FÜR 4 PERSONEN

Für das Walnusspesto

400 g frisch ausgelöste Walnusskerne (ersatzweise ausgelöst gekaufte rohe Walnusskerne)
1 Knoblauchzehe, geschält
6 EL Olivenöl, plus evtl. etwas mehr
½ TL Meersalz

Für die Gnocchi

200 g Süßkartoffeln, gekocht und püriert
300 g ungesüßtes Maronenpüree (aus der Dose)
½ TL Meersalz
½ TL frisch geriebene Muskatnuss
250 g Kastanienmehl (ersatzweise Buchweizenmehl), plus evtl. etwas mehr
2 Eier

Außerdem

Reismehl zum Verarbeiten
Meersalz
Olivenöl zum Beträufeln
2 EL Kokosöl
2 Stängel Salbei, Blätter abgezupft

Für das Walnusspesto den Backofen auf 170 °C (Umluft) vorheizen. Die Walnusskerne auf einem Backblech verteilen und im vorgeheizten Ofen in 4–5 Minuten hellbraun rösten. Sofort herausnehmen, in ein sauberes Küchentuch geben und vorsichtig aneinanderreiben, sodass die Haut entfernt wird.

Die Walnüsse mit Knoblauch, Öl und Salz in der Küchenmaschine oder im Mixer glatt pürieren. Falls nötig, noch etwas Öl zufügen, damit die Paste die gewünschte leicht dickflüssige Konsistenz bekommt.

Für die Gnocchi Süßkartoffel- und Maronenpüree mit dem Knethaken der Küchenmaschine gründlich vermischen. Salz und Muskat zufügen und nach und nach das Kastanienmehl unterkneten.

Die Eier nacheinander gründlich unterarbeiten, und weiterkneten, bis ein weicher, elastischer Teig entstanden ist. Falls er zu klebrig ist, noch etwas Mehl zufügen; bei zu trockener Konsistenz etwas Wasser einarbeiten. (Sie können den Teig auch mit einem Kochlöffel in einer großen Schüssel mischen.)

Den Teig in sechs Portionen teilen, jede in Frischhaltefolie wickeln und 30 Minuten im Kühlschrank kalt stellen. Danach die Arbeitsfläche mit Reismehl bestäuben und die erste Teigportion darauf zu einer etwa 1 cm dicken Rolle formen. Davon etwa 2 cm lange Stücke abschneiden und jedes in Reismehl wenden. Überschüssiges Reismehl abschütteln. Die Teigstücke über ein Gnocchibrett oder die Zinken einer Gabel rollen, damit sie die charakteristischen Rillen erhalten. Den übrigen Teig ebenso verarbeiten.

Reichlich Salzwasser in einem Topf zum Kochen bringen. Sobald es sprudelt, die Temperatur auf schwache Hitze herunterschalten. Die Hälfte der Gnocchi hineingeben und 5–8 Minuten gar ziehen lassen. Sobald sie an die Oberfläche steigen, noch 1 Minute weiterkochen, dann mit einem Schaumlöffel herausheben und die übrigen Gnocchi ebenso garen. Die fertigen Gnocchi in einer großen, vorgewärmten Schüssel mit dem Walnusspesto mischen und mit Olivenöl beträufeln.

2 EL Kokosöl in einer Pfanne bei mittlerer Hitze schmelzen lassen. Sobald es sehr heiß ist, die Salbeiblätter dazugeben und knusprig braten, dann mit einem Schaumlöffel herausnehmen und auf Küchenpapier entfetten. Die Gnocchi mit den Salbeiblättern garnieren und sofort servieren.

ONE-POT-DHAL MIT CURRY ⓥ

FÜR 2 PERSONEN

Hülsenfrüchte als gewürzduftendes indisches Dhal – das kommt immer gut an. Diese Version ist wunderbar cremig, weil ich dafür rote Linsen verwende. Das Gericht steht dank ihrer kurzen Garzeit schnell auf dem Tisch. Wem das immer noch zu lange dauert, ersetzt die Linsen einfach durch Kichererbsen aus der Dose. Von der leckeren Currypaste können Sie gleich mehr zubereiten und den Vorrat in einem verschlossenen Behälter aufbewahren: einfach die Oberfläche mit etwas Öl bedecken und in den Kühlschrank stellen.

Für die Currypaste

1½ TL Kreuzkümmelsamen
1½ TL Korianderkörner
1 Stück Ingwer (2 cm), geschält,
    in dünnen Scheiben
1 TL Chiliflocken
1 EL geräuchertes Paprikapulver
    (z. B. Pimentón de la Vera)
2 TL Garam masala (indische
    Gewürzmischung)
1 TL Himalajasalz
2 EL Kokosöl, geschmolzen
2 EL Tomatenmark
1 Bund Koriandergrün, Blätter abgezupft

Für das Dhal

1 EL Kokosöl
1 kleine rote Zwiebel, fein gewürfelt
2 Knoblauchzehen, fein gehackt
3 EL Currypaste (siehe oben)
160 g Tomaten, gehackt (oder stückige
    Tomaten aus der Dose)
400 ml Kokosmilch
100 g rote Linsen
50 g Spinat
Himalayasalz
frisch gemahlener schwarzer Pfeffer
einige Korianderblätter und griechischer
    Sahnejoghurt zum Garnieren

Für die Currypaste Kreuzkümmel und Koriander in einer Pfanne ohne Fett anrösten, bis die Gewürze duften, dann im Mörser zerreiben.

Die gemörserten Gewürze mit Ingwer, Chiliflocken, Paprikapulver, Garam masala und Salz in die Küchenmaschine oder den Mixer geben und mit der Pulsfunktion vermischen. Kokosöl, Tomatenmark und Koriandergrün zufügen und mit der Pulsfunktion mixen, bis eine glatte Paste entstanden ist. Die Paste beiseitestellen.

Für das Dhal das Kokosöl in einer großen Pfanne bei mittlerer Hitze schmelzen lassen. Die Zwiebel darin in 4–5 Minuten glasig anschwitzen. Den Knoblauch 1 Minute anschwitzen, dann die Currypaste zufügen und alles weitere 1–2 Minuten unter Rühren braten. Tomaten und Kokosmilch dazugeben und unterrühren. Die Sauce probieren und gegebenenfalls noch etwas Currypaste ergänzen. Alles aufkochen, die Linsen zufügen und die Temperatur auf schwache bis mittlere Hitze herunterschalten. Das Dhal 15 Minuten köcheln lassen, bis die Linsen gar sind, dabei gelegentlich umrühren.

Den Topf vom Herd nehmen, den Spinat unterheben und zusammenfallen lassen. Das Dhal mit Salz und Pfeffer abschmecken. Jede Portion mit ein paar Korianderblättern und einem Klecks Joghurt garniert servieren.

CREMIGER BANANEN-SMOOTHIE FÜR KRIEGER

FÜR 2 PERSONEN

Schon seit Jahren streue ich mir gerne eine Mischung aus gemahlenen Leinsamen, Sonnenblumenkernen und Mandeln über alle möglichen Gerichte. In Australien kann man diesen Mix unter dem Namen LSA fertig kaufen (LSA steht für linseed, sunflower seed, almond – also Leinsamen, Sonnenblumenkerne und Mandeln). Diese gesunde Mischung liefert reichlich Ballaststoffe, Proteine und essenzielle Fettsäuren (darunter Omega-3-, -6- und -9-Fettsäuren), außerdem enthält sie viele Mineralstoffe wie Kalzium, Magnesium, Kalium, Phosphor, Selen, Kupfer und Zink sowie die Vitamine A, B, D und E. Darüber hinaus schmeckt der Power-Mix auch noch schön nussig-süßlich – die perfekte Zutat also, um Gemüsepfannen, Müslis, Joghurt, Smoothies, Desserts, Obst und Salaten im Handumdrehen eine Extraportion Nährstoffe zu verpassen.

Zum Glück lässt sich die Mischung ganz leicht selbst machen: einfach Leinsamen, Sonnenblumenkerne und Mandeln in der Küchenmaschine, im Mixer oder in der Kaffeemühle fast mehlfein zerkleinern. Frisch ist sie am besten, aber sie lässt sich in einem verschlossenen Behälter bis zu 7 Tage im Kühlschrank aufbewahren.

3 Bananen, geschält (für einen dickflüssigeren Smoothie gefrorene Bananen verwenden)
1 EL Hanf-Proteinpulver
½ TL gemahlener Zimt
1 EL Leinöl
½ TL Honig
600 ml Mandeldrink
LSA-Mix (siehe oben) zum Bestreuen

Alle Zutaten bis auf die LSA-Mischung im Mixer 2 Minuten pürieren. Den Smoothie auf zwei Gläser verteilen und mit dem LSA-Mix bestreut servieren.

GOLDEN MILK (v)

FÜR 2–4 PERSONEN

Curcumin, der supergesunde Inhaltsstoff aus der gelben Kurkumawurzel, wirkt unter anderem entzündungshemmend und krebsvorbeugend. Da er fettlöslich ist, habe ich diesem Immunbooster-Getränk Kokosöl zugefügt. Und weil Pfeffer die Aufnahme von Curcumin enorm verbessert, darf auch der Scharfmacher hier mitspielen.

3 schwarze Pfefferkörner
1 Gewürznelke
1 Kardamomkapsel
1 Stück Ingwer (2 cm), geschält,
    in dünnen Scheiben
1 Stück Kurkuma (2 cm), geschält,
    in dünnen Scheiben (ersatzweise
    1 TL gemahlene Kurkuma)
1 Zimtstange
2 getrocknete Datteln, entsteint
500 ml Kokosmilch oder Mandeldrink
1 TL Kokosöl

Pfeffer, Gewürznelke und Kardamomkapsel in einem Mörser leicht andrücken. Alle Zutaten in einem Topf bei schwacher Hitze knapp bis zum Kochen bringen, dabei gelegentlich umrühren. Kurz bevor die Flüssigkeit anfängt zu kochen, den Topf vom Herd nehmen und die Golden Milk mit aufgelegtem Deckel 3–4 Stunden ziehen lassen.

Kurz vor dem Servieren die Golden Milk erneut bis zur gewünschten Trinktemperatur erhitzen und durch ein feines Sieb gießen.

Übrige Golden Milk hält sich im Kühlschrank einige Tage und kann bei Bedarf einfach wieder erhitzt werden.

GEWÜRZ-FRIANDS MIT INGWER

FÜR 12 STÜCK

Friands, kleine Kuchen, gehören »down under« zum absoluten Lieblingsgebäck. Dort backt man sie in länglichen Förmchen, aber ein Muffinblech funktioniert auch. Für diese Version mit ihren warmen Gewürzen und der wunderbar weichen Konsistenz habe ich Melasse, also Zuckerrohrsirup, als Süßungsmittel verwendet, und der Geschmack ist wirklich toll! Am besten naschen Sie die Friands frisch aus dem Ofen, aber sie halten sich in einem luftdichten Behälter 3 Tage.

210 g getrocknete Datteln, entsteint
½ TL Natron
120 g Buchweizenmehl
1 TL Backpulver
1 TL gemahlener Ingwer
1 TL gemahlener Zimt
½ TL gemahlene Gewürznelken
100 ml Olivenöl
2 EL Zuckerrohrmelasse (Bioladen oder Reformhaus)
2 Eier
gehackte Haselnüsse zum Garnieren

Außerdem
Kokosöl für das Friand- oder Muffinblech

Den Backofen auf 180 °C (Umluft) vorheizen. Die zwölf Mulden eines Friand- oder Muffinblechs mit Kokosöl fetten.

Datteln und Natron in einer kleinen Schüssel mit 120 ml kochendem Wasser übergießen, 10 Minuten stehen lassen.

Buchweizenmehl, Backpulver und Gewürze in einer zweiten Schüssel vermischen.

Die Dattelmischung zusammen mit dem Olivenöl und der Melasse in der Küchenmaschine oder im Mixer glatt pürieren. Erst die Eier, dann die Mehlmischung zufügen und alles rasch zu einer glatten Masse mixen.

Die Masse auf die Mulden des vorbereiteten Bleches verteilen und mit den gehackten Nüssen bestreuen. Die Friands im vorgeheizten Ofen 20 Minuten backen. Sie sind fertig, wenn sie aufgegangen sind und an einem hineingesteckten Holzstäbchen kein Teig mehr haften bleibt. Die Friands herausnehmen, im Blech abkühlen lassen und sofort genießen.

MÜSLI-SCHNITTEN FÜRS GUTE GEWISSEN

FÜR 18 STÜCK

300 g Haferflocken
200 g Hirseflocken
80 g Kokos-Chips
200 g getrocknete Aprikosen, gehackt
40 g Gojibeeren
60 g Sonnenblumenkerne
60 g Kürbiskerne
1 EL Hanf-Proteinpulver
680 g Honig
180 g Tahin (Sesammus)
Mark von 2 Vanilleschoten

Den Backofen auf 160 °C (Umluft) vorheizen. Eine rechteckige Backform (36 × 20 cm) mit Backpapier auslegen. Hafer- und Hirseflocken, die Hälfte der Kokos-Chips, Aprikosen, Gojibeeren, Sonnenblumen- und Kürbiskerne sowie Hanfpulver in einer großen Schüssel vermischen.

Honig, Tahin und Vanillemark in einem Topf sanft erhitzen, bis die Mischung dünnflüssig ist. Den Topfinhalt zu den trockenen Zutaten geben und alles gründlich verrühren.

Die Masse in die Backform füllen und glatt streichen. Die übrigen Kokos-Chips darauf verteilen und alles im vorgeheizten Ofen in 25 Minuten hellbraun backen.

In der Form abkühlen lassen, dann 1 Stunde im Kühlschrank kalt stellen. Herausnehmen und in längliche Schnitten schneiden.

Nähren

Dieses Kapitel beschäftigt sich mit dem Herz-chakra oder *anahata*, das uns dabei hilft, unser wahres Ich zu entdecken und zu entfalten. Das Herzchakra liegt in der Mitte des Körpers, und deshalb dreht sich hier vieles um Ausgeglichen-heit: sowohl um körperliches Gleichgewicht als auch um innere Balance. Weil es in unserer schnelllebigen Welt so schwer ist, ein ausge-glichenes Verhältnis zwischen Kopf und Körper zu bewahren, geht es in diesem Kapitel darum, diese beiden Seiten des Ichs wieder in Balan-ce zu bringen. Die Rezepte strotzen nur so vor Nährstoffen, die heilend und wohltuend wirken, und zwar auf allen Ebenen.

Jetzt, da Körper, Wille und Entschlossenheit von der belebenden Energie des dritten Chak-ras profitieren, kommt unsere Transformation in Gang. Genau wie Pflanzen, die ihre Wurzeln in den Boden senken und sich gleichzeitig zum Licht recken, entwickeln auch wir uns in zwei Richtungen: Während wir unseren Wurzeln treu bleiben, die uns Halt geben, wachsen wir auch über uns hinaus. Mit dem Herzchakra erlernen wir die Kunst der Liebe und Nähe, welche die Kräfte zwischen der Erde und uns selbst fließen lässt. Daraus kann sich wahre innere Balance entwickeln.

GRÜNES GRANOLA

FÜR 6 PERSONEN

Buchweizen ist eine Blütenpflanze, die gerne als Gründünger genutzt wird, wenn sich der Boden wieder regenerieren muss. Im menschlichen Körper unterstützt Buchweizen die Arbeit der Leber und trägt dadurch zur Entgiftung bei. Da er zu den basischen Lebensmitteln gehört, hilft er außerdem, den pH-Wert ins Gleichgewicht zu bringen. Ich verwende dieses Korn immer dann, wenn ich einen Tag vor mir habe, an dem ich besonders viel Energie brauche. Weil es alle essenziellen Aminosäuren enthält und dazu noch lange braucht, bis es den Darm passiert hat, macht es anhaltend satt und stabilisiert den Blutzuckerspiegel.

Dieses Granola eignet sich nicht nur als Frühstück mit Joghurt, sondern schmeckt auch als Snack oder als knuspriges Topping auf herzhaften Salaten – einfach vielseitig!

500 g Grünkohl
200 g Buchweizengrütze
    (Buchweizenschrot)
125 g Kokos-Chips
150 g Haferflocken
100 g Sonnenblumenkerne
100 g Leinsamen
2 EL Sesamsamen
120 g Cranberrys
300 g Honig
Mark von 2 Vanilleschoten
50 ml Olivenöl

Den Backofen auf 170 °C (Umluft) vorheizen. Zwei bis drei Backbleche mit Backpapier belegen. Die Grünkohlblätter mitsamt Stängeln und harten Blattrippen in der Küchenmaschine oder im Mixer zerkleinern, bis die Konsistenz von Brotkrümeln erreicht ist.

Alle trockenen Zutaten und die Cranberrys in einer großen Schüssel vermischen. Honig, Vanillemark und Öl in einem Topf sanft erhitzen, bis die Mischung dünnflüssig ist (so verteilt sie sich besser). Den Topf vom Herd nehmen.

Die warme Honigmischung über die trockenen Zutaten gießen und gut unterrühren. Den Grünkohl dazugeben und alles gründlich vermischen. Die Masse auf den Backblechen verteilen, sodass sie eine höchstens 2 cm hohe Schicht bildet. Das Granola im Ofen etwa 35 Minuten backen, bis es goldbraun ist.

Die Bleche aus dem Ofen nehmen und das Granola darauf vollständig abkühlen lassen. Es sollte sich trocken anfühlen. Wenn es zu klebrig ist, die Mischung weitere 10 Minuten backen, dabei aber darauf achten, dass sie nicht anbrennt.

Damit das Granola zu den typischen Knusperklümpchen zusammenbackt, ist es wichtig, es weder während des Backens noch während des Abkühlens immer wieder umzurühren.

Sobald es abgekühlt ist, das Granola zur Aufbewahrung in einen luftdichten Behälter füllen. Später zum Servieren die Klümpchen, falls nötig, mit den Fingern zerbröseln.

GRÜNE FRÜHSTÜCKS-BOWL

FÜR 2 PERSONEN

2 Eier

2 EL Kokosol

2 Knoblauchzehen, fein gehackt

20 g rohe Mandeln, grob gehackt

20 g Kürbiskerne

20 g Sonnenblumenkerne

100 g Quinoa, gegart

¼ TL Meersalz

150 g Grünkohl, grobe Stiele entfernt und Blätter in mundgerechte Stücke gezupft

50 g Babyspinat

125 g Halloumi (Grillkäse)

50 g frisches Kokosnussfruchtfleisch, gerieben

1 Avocado, halbiert, entsteint, geschält und in Spalten geschnitten

2 Zitronenspalten nach Belieben

Die Eier in einem kleinen Topf knapp mit Wasser bedecken, aufkochen und 3 Minuten kochen lassen. Dann mit einem Schaumlöffel herausheben und unter fließendem kaltem Wasser abschrecken, bis sie so weit abgekühlt sind, dass man sie anfassen kann. Die Eier sehr vorsichtig pellen und bis zur Verwendung beiseitelegen.

1 EL Kokosöl in einer großen Pfanne bei mittlerer Hitze schmelzen lassen. Den Knoblauch darin unter ständigem Rühren hellbraun anbraten. Mandeln, Kürbiskerne und Sonnenblumenkerne zufügen und ebenfalls unter Rühren hellbraun anrösten. Quinoa und Salz untermischen, dann Grünkohl und Spinat unterheben. Sobald die Blätter leicht zusammengefallen sind, die Pfanne vom Herd nehmen.

Die Mischung auf zwei Schalen verteilen. Den weiteren EL Kokosöl in derselben Pfanne erhitzen. Den Halloumi hineinbröseln und bei schwacher Hitze unter Wenden goldgelb anbraten. Das dauert nur ein paar Minuten. Den Halloumi über der Quinoamischung verteilen.

Die Eier in der Pfanne kurz rundum anbraten, nach Belieben halbieren und eins in jede Schale setzen. Zuletzt alles mit Kokosnussfruchtfleisch, Avocado und nach Wunsch mit Zitronenspalten garnieren und warm servieren.

GRÜNES DETOX-OMELETT

FÜR 2 PERSONEN

Dieses Omelett ist genau das Richtige für Tage, an denen Sie das Gefühl haben, Energie tanken zu müssen, das Frühstück aber trotzdem leicht sein und nicht belasten soll. Verwenden Sie für das Rezept einfach die Kräuter, die Sie gerade im Haus haben. Wenn die frischen ausgegangen sind, tun es auch getrocknete. Die Kokosmilch und den Käse können Sie nach Belieben auch weglassen.

4 Eier (zimmerwarm)
2 EL Kokosmilch
2 EL grob gehackter Schnittlauch
1 kleines Bund Petersilie, Blätter
    abgezupft und grob gehackt
1 kleines Bund Koriandergrün, Blätter
    abgezupft und grob gehackt
2 EL grob gehackter Dill
2 EL grob gehackter Kerbel
25 g Babyspinat, grob gehackt
¼ TL Meersalz
grob gemahlener schwarzer Pfeffer
2 TL Kokosöl
kleine Salatblätter nach Belieben, mit
    etwas Lieblingsdressing gemischt
2 EL zerbröselter Ziegenweichkäse
    oder Feta (nach Belieben)
1 TL Hanfsamen

Eier und Kokosmilch in einer Schüssel verquirlen. Kräuter und Spinat unterrühren und die Mischung mit Salz und Pfeffer würzen.

Das Kokosöl in einer großen beschichteten Pfanne bei mittlerer bis starker Hitze schmelzen lassen.

Die Hälfte der Eimasse in die Pfanne gießen und durch Schwenken gleichmäßig verteilen. Das Omelett 1–2 Minuten braten, bis das Ei so weit gestockt ist, dass die Ränder trocken sind und die Mitte weich ist, aber nicht mehr flüssig. Das Omelett mit einem Pfannenwender auf einen großen Teller gleiten lassen.

Jeweils die Hälfte des Salats und des Käses (falls verwendet) darauf verteilen und die Hälfte der Hanfsamen darüberstreuen. Das Omelett über der Füllung zusammenklappen und mit etwas Pfeffer übermahlen.

Das zweite Omelett ebenso braten und füllen. Sofort servieren.

Von links nach rechts: Quinoafalafel (s. S. 104), Taboulé (s. S. 105), Zaziki (s. S. 105), Omega-Cracker (s. S. 111) und Hummus (s. S. 105)

MEZZE

FÜR 8 PERSONEN

All diese Kleinigkeiten sind dafür gedacht, zusammen auf einer Mezze-Tafel zu stehen, sodass sich alle nach Belieben aus den vielen Schüsseln bedienen können. Ein gutes Beispiel dafür, dass das Ganze manchmal mehr ist als die Summe seiner Teile! Super als Ergänzung: die Omega-Cracker (s. S. 111).

QUINOA-FALAFEL

150 g weiße Quinoa
Meersalz
100 g Spinat
½ Bund Petersilie, Blätter abgezupft
½ Bund Minze, Blätter abgezupft
200 g Erbsen (TK), kurz blanchiert
2 Knoblauchzehen, gehackt
½ TL gemahlener Kreuzkümmel
½ TL gemahlener Koriander
½ TL edelsüßes Paprikapulver
½ TL gemahlene Kurkuma
2 Eier
100 g Buchweizenmehl
grob gemahlener schwarzer Pfeffer
Sesamsamen zum Bestreuen

Die Quinoa in einem Sieb gründlich mit heißem Wasser abspülen, dann mit 225 ml Wasser und 1 Prise Salz in einem mittelgroßen Topf bei mittlerer Hitze aufkochen. Die Hitze reduzieren und die Quinoa offen etwa 15 Minuten bei schwacher Hitze köcheln lassen, dabei gelegentlich umrühren. Falls das Wasser zu schnell verdampft, noch etwas nachgießen.

Sobald die Quinoa gar und das Wasser verkocht ist, ein sauberes Küchentuch über den Topf legen und den Deckel daraufsetzen, sodass er den Topf wenn möglich fest verschließt. So bleibt der Dampf im Topf, und die Quinoa wird schön locker. Mindestens 10 Minuten abkühlen lassen.

Inzwischen den Backofen auf 180 °C (Umluft) vorheizen. Zwei Backbleche mit Backpapier belegen. Spinat, Kräuter, Erbsen, Knoblauch, 1 TL Meersalz und Gewürze in der Küchenmaschine oder im Mixer mit der Pulsfunktion zu einer feinen Paste zerkleinern.

Die Eier in einer großen Schüssel verquirlen. Erst die Quinoa, dann die pürierte Gemüsemasse dazugeben und alles gründlich vermischen. So viel Buchweizenmehl zufügen, dass die Masse gut zusammenhält, aber nicht klebt. Mit Salz und Pfeffer abschmecken.

Aus der Masse walnussgroße Kugeln formen und auf die vorbereiteten Bleche legen. Wenn es schnell gehen soll, können Sie dafür auch einen Eisportionierer verwenden.

Die Quinoa-Falafeln mit Sesam bestreuen und 15 Minuten im vorgeheizten Ofen backen. Sie sollen sich fest, aber nicht hart anfühlen. Herausnehmen und warm oder kalt servieren.

HUMMUS ⓥ

2 Dosen Kichererbsen (à 400 g),
  abgegossen, dabei 3 EL Flüssigkeit
  aufgefangen
Saft von 1 Zitrone
1 EL Tahin (Sesammus)
30 g Korianderblättchen
2 Knoblauchzehen
2 TL gemahlener Kreuzkümmel
3 EL Olivenöl
2 TL Meersalz
grob gemahlener schwarzer Pfeffer

Alle Zutaten in der Küchenmaschine oder im Mixer glatt pürieren, dabei zwischendurch die Masse von den Wänden des Geräts nach unten schaben. Das Hummus mit Salz und Pfeffer abschmecken und in eine Schale füllen.

ZAZIKI

½ Salatgurke, gerieben
2 Prisen Meersalz
250 g griechischer Sahnejoghurt
Saft von ½ Zitrone, plus mehr nach
  Belieben
6 Minzblätter, fein gehackt, plus mehr
  nach Belieben
grob gemahlener schwarzer Pfeffer

Die geriebene Gurke in ein feines Sieb geben und über eine Schüssel hängen. Mit Salz bestreuen, vermischen und 30 Minuten abtropfen lassen. In einer zweiten Schüssel Joghurt, Zitronensaft und Minze gut verrühren. Die Gurkenmasse gut ausdrücken und dazugeben. Alles vermischen und mit Salz und Pfeffer abschmecken. Nach Belieben noch mehr Zitronensaft oder Minze untermischen. Das Zaziki in eine Schüssel füllen und bis zum Servieren kalt stellen.

GEMÜSE-TABOULÉ ⓥ

1 Salatgurke, geschält, in 5 mm großen
  Würfeln
5 Tomaten, entkernt, in 5 mm großen
  Würfeln
½ rote Zwiebel, sehr fein gewürfelt
½ Granatapfel, Kerne ausgelöst
1 großes Bund glatte Petersilie, Blätter
  abgezupft und fein gehackt
1 kleines Bund Minze, Blätter abgezupft
  und fein gehackt
1 kleines Bund Koriandergrün, Blätter
  abgezupft und fein gehackt
Saft von 1 Zitrone
1 EL Granatapfelsirup
4 EL Olivenöl
¼ TL Meersalz
grob gemahlener schwarzer Pfeffer

Alle Zutaten in einer Schüssel vermischen. Den Salat mit Salz und Pfeffer abschmecken und in eine Servierschüssel umfüllen.

GRÜNER FRÜHLINGS-SALAT MIT MUNGO-BOHNEN ⓥ

FÜR 4 PERSONEN

Hier lautet die Devise: Je mehr grünes Gemüse, desto besser! Geben Sie dazu, was Sie gerade im Haus haben. Die Mungobohnen sorgen hier nicht nur für Biss, sondern auch für reichlich Eiweiß, Vitamine, Mineralstoffe und Antioxidantien. Nicht nur in diesem Salat ein Gewinn!

140 g getrocknete grüne Mungobohnen
1 Prise Meersalz
100 g Erbsen (frisch oder TK), kurz
    blanchiert
100 g Edamame (junge Sojabohnen; TK),
    kurz blanchiert
125 g Zuckerschoten, kurz blanchiert
3 Frühlingszwiebeln, geputzt, sehr
    schräg in dünne Ringe geschnitten
200 g grüner Spargel, geputzt
100 g grüne Bohnen, geputzt
6 Radieschen, längs halbiert
2 Brokkolistängel (ohne Röschen),
    geputzt und geschält
4 Stängel glatte Petersilie, Blätter
    abgezupft und grob gehackt
30 g Erbsensprossen, kurz blanchiert

Für das Dressing
100 g Tahin (Sesammus)
2 kleine Knoblauchzehen, geschält und
    durchgepresst
1 EL Tamari (jap. Sojasauce)
1 EL Ahornsirup
2 EL Apfelessig
1 Prise Meersalz

Am Vortag die Mungobohnen in einer Schüssel mit so viel Wasser bedecken, dass es 2 cm hoch über den Bohnen steht. 1 Prise Salz dazugeben, die Schüssel mit einem Tuch abdecken und die Bohnen über Nacht einweichen lassen. Sie sollten danach ihr Volumen deutlich vergrößert und einen saftigen Biss haben. Falls nötig, das Wasser wechseln und die Bohnen weitere 2 Stunden einweichen.

Die Bohnen in ein Sieb abgießen und alle Exemplare aussortieren, die nicht aufgequollen und weich geworden sind.

Alle Zutaten für das Dressing in einer kleinen Schüssel verquirlen. 2–3 EL Wasser unterrühren, dass das Dressing die Konsistenz von flüssigem Honig bekommt. Die Mungobohnen mit dem Dressing übergießen und darin ziehen lassen.

Alle übrigen Salatzutaten bis auf Brokkolistängel, Petersilie und Erbsensprossen in einer großen Schüssel vermischen. Mit einem Sparschäler von den Brokkolistängeln dünne Späne abhobeln und zum Salat geben. Die Mungobohnen zufügen und alles mit den Händen gründlich vermischen, damit sich das Dressing gut verteilt. Den Salat auf einer großen Platte anrichten und mit Petersilie und Erbsensprossen garnieren.

GEFÜLLTE ZUCCHINI-BLÜTEN MIT MAIS-PFIRSICH-SALSA Ⓥ

FÜR 3 PERSONEN

Servieren Sie dieses köstliche und innovative Gericht am besten frisch aus dem Ofen. Die Pfirsiche für die Salsa lassen sich übrigens ganz leicht enthäuten: einfach kreuzweise einritzen, mit kochendem Wasser bedecken, 30 Sekunden ziehen lassen und dann die Haut abziehen.

Für die gefüllten Zucchiniblüten

9 Zucchiniblüten
90 g Paranüsse, in heißem Wasser eingeweicht
1 Knoblauchzehe, grob gehackt
1½ TL Dijonsenf
1 EL Apfelessig
1 EL grob gehackter Estragon
1 EL grob gehackter Schnittlauch
1 Zweig Zitronenthymian, Blätter abgestreift
abgeriebene Schale und Saft von 1 Bio-Zitrone
¼ TL Meersalz und grob gemahlener schwarzer Pfeffer

Für die Mais-Pfirsich-Salsa

3 gelbfleischige Pfirsiche, enthäutet, entsteint und gewürfelt
1 Maiskolben, gegrillt, Körner vom Kolben geschnitten
½ kleine rote Chilischote, entkernt und fein gehackt
abgeriebene Schale von 1 Bio-Limette
1 Stück Ingwer (2 cm), geschält und fein gerieben
1 EL fein gehackte Minze
1 EL fein gehackte Korianderblättchen
Meersalz und grob gemahlener schwarzer Pfeffer

Außerdem

1 EL Olivenöl
Meersalzflocken
Salatblätter zum Garnieren
150 g rosa Quinoa (s. S. 108)

Den Backofen auf 200 °C (Umluft) vorheizen. Ein Backblech mit Backpapier belegen. Die Zucchiniblüten unter fließendem Wasser abbrausen, vorsichtig trocken schütteln und auf Küchenpapier trocknen lassen. Stempel und Staubgefäße von den Zucchiniblüten entfernen.

Alle Zutaten für die Füllung mit ¼ TL Salz in der Küchenmaschine oder im Mixer glatt pürieren, dabei zwischendurch die Masse von den Wänden des Geräts nach unten schaben. Die Füllung abschmecken und abgedeckt 1 Stunde kalt stellen.

Inzwischen für die Mais-Pfirsich-Salsa alle Zutaten in einer Schüssel vermischen und mit Salz und Pfeffer abschmecken.

Jede Zucchiniblüte mit 2 TL Nuss-Kräuter-Masse füllen. Die Füllung mit den Händen hineindrücken und die Blüten darüber zusammendrehen.

Die Blüten auf das Backblech legen, mit Olivenöl bepinseln und mit Meersalzflocken bestreuen. Im Ofen 15 Minuten backen, bis sie goldbraun werden.

Zum Servieren drei Teller mit etwas Salat auslegen, die rosa Quinoa darüberstreuen und je 1 EL Salsa daraufgeben. Auf jeden Teller drei Zucchiniblüten legen und sofort servieren.

»CEVICHE« VON CLEMENTINE, GURKE & AVOCADO MIT ROSA QUINOA ⓥ

FÜR 4 PERSONEN

Für die rosa Quinoa

100 g weiße Quinoa
1 Prise Meersalz
60 ml Rote-Bete-Saft

Für die »Ceviche«

1 Salatgurke, geschält, in 1 cm großen
    Würfeln
2 grüne türkische Spitzpaprikaschoten,
    entkernt, in 1 cm großen Würfeln
3 Clementinen, geschält, in die einzelnen
    Fruchtsegmente geteilt
2 Avocados, halbiert, entsteint, Frucht-
    fleisch ausgelöst und zerdrückt
abgeriebene Schale und Saft von
    2 Bio-Limetten
2 EL fein gehackte Korianderblättchen
2 EL fein gehackte Minze
Meersalz und grob gemahlener
    schwarzer Pfeffer

Außerdem

Kokos-Chips, geröstet, zum Garnieren

Die Quinoa in einem Sieb gründlich mit heißem Wasser abspülen, dann mit 200 ml Wasser und 1 Prise Salz in einem mittelgroßen Topf bei mittlerer Hitze aufkochen. Die Hitze reduzieren und die Quinoa offen etwa 15 Minuten bei schwacher Hitze köcheln lassen, dabei gelegentlich umrühren. Falls das Wasser zu schnell verdampft, noch etwas nachgießen.

Sobald die Quinoa gar und das Wasser verkocht ist, ein sauberes Küchentuch über den Topf legen und den Deckel daraufsetzen, sodass er den Topf wenn möglich fest verschließt. So bleibt der Dampf im Topf, und die Quinoa wird schön locker. Mindestens 10 Minuten abkühlen lassen.

Deckel und Tuch entfernen und die Quinoa mit einer Gabel auflockern. Den Rote-Bete-Saft darübergießen, mit der Gabel untermischen und beiseitestellen.

Für die »Ceviche« Gurke und Paprika in einer Schüssel mischen. Die Clementinensegmente jeweils längs halbieren, zusammen mit Avocado, Limettenschale und -saft sowie Kräutern zufügen und untermischen. Die Ceviche mit Salz und Pfeffer abschmecken.

Zum Servieren je einen Anrichtering auf vier Teller setzen. Die »Ceviche« mit einem Löffel in den Ringen verteilen und gut andrücken. Die Ringe entfernen und die Ceviche mit rosa Quinoa und Kokoschips garnieren.

ROHE SPARGEL-MOUSSE Ⓥ

FÜR 4 PERSONEN

350 g grüner Spargel, Enden abgeschnitten, in kurzen Stücken geschnitten
200 g Erbsen (frisch oder TK)
½ Blumenkohl, in Röschen geteilt, Stamm und Blätter entfernt
½ kleine rote Zwiebel
4 Avocados, halbiert, entsteint, Fruchtfleisch ausgelöst
Saft von 2 Limetten
1 großes Bund Koriandergrün
1 großes Bund Basilikum
60 ml Olivenöl
1 TL Senfkörner
½ TL Meersalz und grob gemahlener schwarzer Pfeffer
120 g rohe Pekannüsse, grob gehackt
Omega-Cracker (s. S. 111)
1 EL Hanfsamen

Spargelstücke und Erbsen in der Küchenmaschine oder im Mixer pürieren. Blumenkohl und Zwiebel dazugeben und weitermixen, bis eine Paste entstanden ist. Avocadofruchtfleisch, Limettensaft, Kräuter, Olivenöl, Senfkörner, Salz und Pfeffer zufügen und ebenfalls untermixen, bis eine geschmeidige Mousse entstanden ist.

Die Mousse in eine Schüssel umfüllen und die gehackten Pekannüsse unterheben, mit Salz und Pfeffer abschmecken.

Auf vier Teller mithilfe eines Eisportionierers je zwei Kugeln Spargelmousse setzen. Die Cracker daneben anrichten und alles mit Hanfsamen bestreuen. Die Mousse sofort servieren.

OMEGA-CRACKER ⓥ

FÜR 8 PERSONEN
(FOTO S. S. 103)

50 g Sonnenblumenkerne
50 g Kürbiskerne
200 g Buchweizenmehl
200 g Quinoaflocken
2 TL Mohnsamen
150 g Leinsamen
150 g Sesamsamen
2 TL feines Meersalz
1 TL gemahlene Kurkuma
1 TL gemahlener Koriander
1 TL gemahlener Kreuzkümmel
2 TL edelsüßes Paprikapulver
2 TL Fenchelsamen

Zum Bestreuen

1 Handvoll Kürbiskerne
Meersalzflocken

Den Backofen auf 170 °C (Umluft) vorheizen. Vier Backbleche mit Backpapier auslegen.

Alle Zutaten für die Cracker in einer großen Schüssel vermischen. In die Mitte eine Mulde drücken und 500 ml Wasser hineingießen. Alles zu einem weichen Teig vermischen und diesen mit nassen Händen so dünn wie möglich, aber höchstens 2–3 mm dick, auf den Blechen verteilen. Falls nötig, noch etwas Wasser dazugeben.

Den Teig mit Kürbiskernen und Meersalzflocken bestreuen. Mit einem Messer die gewünschten Formen in die Masse einritzen (aber nicht durchschneiden) und die Cracker im vorgeheizten Ofen 45 Minuten backen. Der Trick für knusprige Cracker: Die Ofentür während des Backens alle 10 Minuten für 10 Sekunden öffnen, damit der Dampf entweichen kann. Sobald die Cracker fertig sind, lösen sie sich an den Rändern vom Backpapier. Je nachdem, wie dünn Sie den Teig aufgestrichen haben, brauchen sie eventuell etwas länger, vor allem in der Mitte der Bleche.

Die fertigen Cracker herausnehmen und auf den Blechen abkühlen lassen. In Stücke brechen oder schneiden und bis zum Verzehr in einem luftdichten Behälter aufbewahren.

GRÜNE QUINOA-BRATLINGE

FÜR 20 STÜCK

Außen knusprig, innen weich und unwiderstehlich: Diese Bratlinge eignen sich sowohl als Bestandteil eines Hauptgerichts als auch als eiweißreicher Snack zwischendurch.

1 Butternusskürbis, geschält,
    in 1 cm großen Würfeln
3 EL Kokosöl, geschmolzen
1 TL gemahlener Kreuzkümmel
1 TL gemahlener Koriander
1 TL Meersalzflocken
350 g gegarte Quinoa
200 g Mangoldblätter, kurz gedämpft
2 Frühlingszwiebeln, in feinen Ringen
135 g Ziegenweichkäse, zerbröselt
1 kleines Bund Petersilie, Blätter
    abgezupft und fein gehackt
2 Eier, verquirlt
1 TL Meersalz
grob gemahlener schwarzer Pfeffer
etwa 45 g Reismehl
2 EL Sesamsamen

Für das Dressing
3 EL Joghurt
Saft von ½ Zitrone
1 Stängel Dill, grob gehackt

Außerdem
4 Limettenspalten
1 Handvoll zarte Erbsenblätter
    (ersatzweise Pflücksalat)

Den Backofen auf 180 °C (Umluft) vorheizen. Ein Backblech mit Backpapier belegen. Die Kürbiswürfel in einer Schüssel mit 1 EL Kokosöl, Kreuzkümmel und Koriander gut vermischen und dann auf dem Backblech verteilen. Zuletzt den Kürbis mit den Meersalzflocken bestreuen und im vorgeheizten Ofen in etwa 15 Minuten weich backen.

Die gebackenen Kürbiswürfel in einer Schüssel mit Quinoa, Mangold, Frühlingszwiebeln, Ziegenkäse, Petersilie, Eiern und etwas Salz und Pfeffer vermischen. So viel Reismehl dazugeben, dass die Mischung bindet. Abgedeckt abkühlen lassen, dann mindestens 30 Minuten kalt stellen.

Den Backofen erneut auf 180 °C (Umluft) vorheizen und ein Blech mit Backpapier belegen. Aus der gekühlten Masse je eine kleine Handvoll zu einem flachen, runden Bratling formen. Auf diese Weise 20 Bratlinge formen und mit Sesamsamen bestreuen.

1 EL Kokosöl in einer Pfanne bei mittlerer bis starker Hitze heiß werden lassen. Die Bratlinge darin portionsweise in 3–4 Minuten pro Seite goldbraun und knusprig braten. Wenn nötig, den übrigen EL Kokosöl zufügen.

Die Bratlinge auf dem Backblech verteilen und im vorgeheizten Ofen in 5–7 Minuten fertig backen. Die Bratlinge herausnehmen. Mit Limettenspalten und Erbsenblättern auf einer Servierplatte anrichten und mit dem Dressing beträufeln.

113

NÄHRENDER SMOOTHIE v

FÜR 2 PERSONEN

1 reife Avocado, halbiert, entsteint, Fruchtfleisch
  ausgelöst
3 Stängel Minze
1 EL Leinöl
1 TL Moringapulver
½ Limette, geschält, weiße Häute entfernt
500 ml Kokoswasser

Alle Zutaten im Mixer 2 Minuten pürieren, auf
zwei Gläser verteilen und servieren.

GREEN-GODDESS-SAFT v

FÜR 2 PERSONEN

50 g Spinat
½ Zitrone, geschält, weiße Häute entfernt
1 Stück Ingwer (2,5 cm), geschält
3 Stangen Staudensellerie
1 große Fenchelknolle
1 Salatgurke

Alle Zutaten in den Entsafter geben. Den Saft
sofort servieren.

Von links nach rechts: Nährender Smoothie, Green-Goddess-Saft und Green-Dream-Saft

GREEN-DREAM-SAFT ⓥ

FÜR 2 PERSONEN

Dieser Saft ist nichts für schwache Gemüter: Ich habe ihn entwickelt, um mit einem ordentlichen Kick in den Tag zu starten. Das Ginkgoextrakt fördert die Durchblutung und versorgt so das Hirn mit reichlich Sauerstoff. Dadurch beugt der Saft Konzentrationsproblemen, Müdigkeit, Erschöpfung, Kopfschmerzen und trüber Stimmung vor. Statt morgens als Erstes Kaffee aufzusetzen, bringen Sie also besser den Entsafter und die Ginkgotropfen an den Start!

50 g Spinat
1 Stück Meerrettich (5 mm), geschält
3 Stangen Staudensellerie
1 Salatgurke
3 Äpfel
12 Tropfen Ginkgo-biloba-Extrakt (Apotheke)

Alle Zutaten bis auf die Ginkgotropfen in den Entsafter geben. Die Tropfen in den Saft einrühren und in zwei Gläsern servieren.

VERBENEN-GLÜCKS-BÄLLCHEN ⓥ

FÜR 20 STÜCK

250 g rohe Macadamianüsse oder
   Cashewkerne , aktiviert (s. S. 19)
20 Blätter Zitronenverbene (ersatzweise
   zwei Teebeutel Zitronenverbene)
115 g Kokosraspel, plus 2 EL Kokosraspel
   zum Überziehen
1 TL abgeriebene Schale und Saft von
   1 Bio-Zitrone
60 ml heller Kokosblütensirup
2 EL Kokosöl, geschmolzen
Mark von ½ Vanilleschote
1 Prise Himalajasalz

Die Nüsse mit den Verbenenblättern oder (-teebeuteln) in eine Schüssel geben. Mit heißem Wasser übergießen und 2 Stunden ziehen lassen. Die Verbenenblätter beziehungsweise Teebeutel entfernen und die Nüsse abgießen.

Die Nüsse mit den übrigen Zutaten in der Küchenmaschine oder im Mixer glatt pürieren. Dabei zwischendurch die Masse von den Wänden des Geräts nach unten schaben. Die Nuss-Kokos-Mischung in eine Schüssel umfüllen und 1 Stunde kalt stellen.

Aus der gekühlten Masse walnuss-große Bällchen formen. Diese portionsweise mit 2 EL Kokosraspeln in einen Gefrierbeutel geben und schütteln, bis sie mit Kokosraspeln überzogen sind. Die fertigen Bällchen in dem Beutel oder in einem luftdichten Gefäß im Kühlschrank aufbewahren. Sie halten sich bis zu 2 Wochen.

Stärken

Dieses Kapitel stellt das fünfte Chakra in den Mittelpunkt: *vissudha*, übersetzt Reinigung. Wir brauchen diesen Prozess, um die Giftstoffe aus unserem Körper loszuwerden. Dabei spielen zwei Körperregionen eine besondere Rolle: der Hals und die Schilddrüse.

Der Hals als schmalste Stelle im gesamten Chakrensystem bildet einen Engpass für die Energie, die frei fließen sollte. Gleichzeitig dient er als Filtersystem, das Botschaften des Körpers sortiert und sie mit Informationen im Gehirn verbindet. Wir können diese wichtige Durchgangsstelle befreien und durchlässig machen, indem wir sanfte, beruhigende Gerichte wie warme Suppen, stärkende Tees und saftige Früchte zu uns nehmen.

Die Schilddrüse, das zweite größere Organ in diesem Chakra, reguliert das Wachstum von Zellen und Gewebe. Vor allem aber ist sie für den Energiestoffwechsel und den Wärmehaushalt verantwortlich. Weil die Drüse Jod speichert und in die Schilddrüsenhormone einbaut, gehören in dieses Kapitel Rezepte mit jodhaltigen Zutaten wie Meeresgemüse.

Im fünften Chakra ist unsere individuelle kreative Ausdruckskraft am stärksten entwickelt. Durch sie gelingt es uns, das, was in uns ist, auszudrücken und in die Welt zu tragen.

FRÜH-STÜCKS-MUFFINS MIT CRANBERRYS & ORANGE

FÜR 24 STÜCK

Diese Muffins kommen ganz ohne Mehl aus und stecken voller Eiweiß aus gemahlenen Mandeln. Alle, die Zucker reduzieren wollen, dürfen sich damit auf das perfekte Frühstück freuen, denn die Süße der Muffins stammt lediglich von Bananen und getrockneten Cranberrys. Verwenden Sie für dieses Rezept richtig überreife Bananen, damit der Teig die richtige Konsistenz und viel Aroma bekommt.

400 g gemahlene Mandeln
4 TL Backpulver
2 TL gemahlener Zimt
8 Eier, verquirlt
Mark von 1 Vanilleschote
abgeriebene Schale von 1 Bio-Orange
450 g überreife Bananen, gut zerdrückt
200 g getrocknete ungezuckerte
    Cranberrys
350 g Möhren, fein gerieben
1 EL Kürbiskerne zum Bestreuen

Den Backofen auf 180 °C (Umluft) vorheizen. Papierförmchen in die zwölf Mulden eines Muffinblechs setzen. Alle Zutaten in einer großen Schüssel gründlich verrühren.

Die Masse auf die Papierförmchen verteilen und mit den Kürbiskernen bestreuen. Die Muffins im vorgeheizten Ofen 30 Minuten backen. Sie sollten sich bei Fingerdruck auf die Mitte elastisch anfühlen. Die fertigen Muffins aus dem Ofen nehmen und abkühlen lassen.

HOLUNDER-ECHINACEA-GUMMI-DROPS (v)

FÜR 20 STÜCK

Wer sich täglich eines dieser köstlichen kleinen Gummis gönnt, kann Erkältungen und Grippe vorbeugen. Wenn es schon im Hals kratzt und die Nase läuft, nehmen Sie am besten stündlich eines, um schneller wieder auf die Beine zu kommen. Vegetarische Geliermittel haben unterschiedliche Gelierkraft. Beachten Sie daher für die benötigte Flüssigkeitsmenge immer die Packungsangabe.

1 EL Kokosöl, geschmolzen
350 ml Holunderbeersirup (ersatzweise Schwarze-Johannisbeer-Sirup)
1 Päckchen Vegetarisches Geliermittel ohne Kochen
2 EL flüssiges Echinacea-Extrakt (Apotheke)

Die Mulden einer Pralinen- oder Bonbonform oder eine flache Glasform mit dem Kokosöl fetten, damit sich die Gummidrops später herauslösen lassen. Die Hälfte des Holunderbeersirups in einem Krug mit dem Geliermittel verquirlen, sodass es sich auflöst. 225 ml heißes Wasser unter Rühren zufügen, dann den übrigen Sirup sowie das Echinacea-Extrakt unterrühren, bis alles gut vermischt ist und keine Klümpchen mehr zu sehen sind.

Die Flüssigkeit in die Form gießen und 2 Stunden in den Kühlschrank stellen, bis sie fest geworden ist. Die Drops aus den Formen lösen beziehungsweise in der Glasform in Rauten schneiden und diese herausheben.

Die fertigen Gummidrops in einem luftdichten Behälter aufbewahren, dabei zwischen die Lagen Backpapier legen. Sie halten sich bis zu 1 Woche.

WÜRZIGE ZAUBER-BRÜHE (v)

FÜR 4 PERSONEN

1 Stück Kurkuma (2 cm), geschält, in feinen Scheiben (ersatzweise 1 TL gemahlene Kurkuma)
1 Stück Ingwer (2 cm), geschält, in feinen Scheiben
1 Knoblauchzehe, geschält
1 Lorbeerblatt
1 Prise gemahlener Zimt
3 schwarze Pfefferkörner
2 Kardamomkapseln
500 ml Gemüsebrühe

Alle Zutaten in einen Topf geben, aufkochen und bei schwacher Hitze etwa 20 Minuten köcheln lassen. Den Topf vom Herd nehmen, die Brühe durch ein feines Sieb gießen und heiß servieren.

INGWER-HALS-BONBONS MIT SALBEI & MANUKA-HONIG

FÜR 8 STÜCK

Diese Bonbons tun besonders bei trockenem Reizhusten gut. Lutschen Sie sie über den Tag verteilt immer dann, wenn Ihnen der Hals besonders weh tut oder der Husten Sie quält.

1 Zitrone, geschält
1 Stück Ingwer (5 cm)
10 Salbeiblätter
2 EL Manukahonig
25 g im Mörser fein zermahlene getrocknete Kräuter (Salbei, Thymian oder Pfefferminze oder eine Mischung daraus), plus fein zermahlene Kräuter zum Wenden

Ein Backblech mit Backpapier belegen. Zitrone, Ingwer und Salbeiblätter in den Entsafter geben. Den Saft in einer kleinen Schüssel mit dem Manukahonig verrühren, das Kräuterpulver zufügen und gut untermischen, bis eine glatte Paste entstanden ist.

Die Masse zu murmelgroßen Bällchen rollen, die Bällchen in Kräuterpulver wenden und jedes mit dem Daumen eindrücken, sodass jeweils eine kleine Mulde in der Mitte entsteht. Die Bonbons auf das Backblech legen und an einem warmen, trockenen Ort 2 Tage trocknen lassen. Die fertigen Bonbons in einem Glas aufbewahren. Sie halten sich bis zu 3 Monaten.

GEGRILLTE MELONE MIT ZIEGENKÄSE

FÜR 2 PERSONEN

Durch das Grillen bekommt die Wassermelone eine wunderbar rauchige Note. Zusammen mit dem salzigen Ziegenkäse und der kräuterwürzigen Salsa verde verleihen die Aromen dem Gericht Tiefe und bilden ein spannendes Gegengewicht zur Melonensüße.

Für die Salsa verde

1 Handvoll glatte Petersilienblätter
1 Handvoll Minzblätter
1 Handvoll Koriandergrün
Saft von 2 Zitronen
grob gemahlener schwarzer Pfeffer
½ TL Meersalz
etwa 100 ml Olivenöl

Für den Salat

2 EL Kokosöl, geschmolzen
4 Scheiben Wassermelone
2 Scheiben Ziegenweichkäse
    (Ziegenrolle)
rohe Pistazien, fein gehackt, und
    1 kleine Handvoll Basilikumblätter
    zum Garnieren

Für die Salsa verde alle Zutaten in der Küchenmaschine oder im Mixer zu einer eher glatten Paste pürieren. Dabei das Olivenöl nach und nach zufügen, bis die Sauce dickflüssig ist (eventuell etwas mehr oder weniger Olivenöl verwenden). Die Salsa verde mit Salz und Pfeffer abschmecken und bis zum Servieren beiseitestellen.

Für den Salat die Stege einer Grillpfanne mit dem Kokosöl einpinseln und die Pfanne stark erhitzen. Die Wassermelonenscheiben darin von beiden Seiten anrösten, sodass sie dunkelbraune Streifen bekommen. Die Pfanne vom Herd nehmen.

Die Melonenscheiben und den Ziegenkäse auf zwei Tellern verteilen. Etwas von der Salsa verde über den Käse träufeln. Die restliche Salsa in einem Schälchen anrichten. Die Teller mit Pistazien und Basilikumblättern bestreuen und das Gericht sofort servieren.

BUDDHA BOWL MIT SOBANUDELN

 **FÜR 4 PERSONEN**

Buddha Bowls, diese bunten Schüssel-
mahlzeiten randvoll mit schlichten,
natürlichen Zutaten, sind schon längst
nicht nur bei Yogis beliebt. Um Ihre
eigene Buddha Bowl zu kreieren, su-
chen Sie sich am besten eine schöne
Schale zum Anrichten aus, die Ihnen
als persönliches Symbol für Nahrung
und Dankbarkeit dienen kann.

Die einzelnen Bestandteile sollten
Sie farblich so zusammenstellen,
dass ein ganzer Regenbogen Lust auf
eine Mahlzeit voller gesunder Energie
macht. Genießen Sie schon die Zubereitung und machen Sie sich bewusst,
wie viel Gutes Sie Ihrem Körper mit
diesem Essen tun.

Für die Brühe

1,2 l Pilzfond
1 Sternanis
2 Kardamomkapseln
1 EL geschälter Ingwer, in feinen Streifen
250 g braune Champignons und Enoki-
   pilze (ersatzweise andere Pilze nach
   Belieben)
100 g Soba-Nudeln (jap. Buchweizen-
   nudeln)

Für die Buddha Bowl

75 g Rotkohl, in feinen Streifen
150 g Möhren , in dünnen, breiten
   Streifen
75 g Wirsing, in feinen Streifen
75 g Zuckerschoten
90 g Mungo- oder Sojabohnensprossen,
   blanchiert
Saft von 1 Limette
Tamari (jap. Sojasauce)
einige Stängel Koriandergrün, Blätter
   abgezupft
1 Chilischote, entkernt, in feinen Ringen
   (nach Belieben)
schwarze und helle Sesamsamen
4 Limettenscheiben

Für die Brühe Pilzfond, Sternanis, Kardamom und Ingwer in einen großen
Topf geben und aufkochen. Inzwischen
große Champignons nach Belieben
halbieren. Sobald die Brühe kocht, die
Temperatur herunterschalten, Soba-
nudeln und Pilze zufügen und alles
etwa 5 Minuten bei schwacher Hitze
köcheln, bis die Nudeln gar sind.

Nach Belieben Sternanis und Kardamomkapseln entfernen und die Brühe
mit Nudeln und Pilzen auf vier Schalen
verteilen. Die verschiedenen Gemüsesorten dekorativ darauf anrichten. Jede
Buddha Bowl mit etwas Limettensaft
und Tamari würzen. Dann Korianderblättchen, Chiliringe (falls verwendet)
und Sesam darüberstreuen und mit je
1 Limettenscheibe garnieren. Die Bowls
mit Tamari zum Abschmecken sowie
Stäbchen und Suppenlöffeln servieren.

ERDBEER-SPINAT-SALAT

FÜR 2–4 PERSONEN

Auf diesen Salat bin ich während einer Reise durch Alaska gestoßen. Ich machte gerade in einer kleinen Stadt Station, die vom Kupferbergbau lebt und Strom nur über einen einzigen Generator bezieht. So weit abseits der Zivilisation hätte ich diesen wunderbaren Salat wirklich nicht erwartet! Die Erdbeeren werden hier zu einem schön sämigen, fruchtigen Dressing püriert, das die Spinat- und Mangoldblätter mit einer üppigen Schicht überzieht.

Für das Dressing

150 g Erdbeeren, geputzt und halbiert
2 EL Balsamico-Essig
1 EL Rotweinessig
1 EL Zitronensaft
1 Knoblauchzehe, gehackt
¼ TL Dijonsenf

Für den Salat

250 g grüner Spargel, geputzt
1 EL Kokosöl, geschmolzen
50 g Babyspinat
50 g Babymangold (ersatzweise
    Babyspinat)
100 g Ziegenweichkäse, zerbröselt
80 g rohe Haselnüsse, geröstet und
    grob gehackt

Für das Dressing alle Zutaten in einem Mixer glatt pürieren. In eine Schüssel umfüllen und beiseitestellen.

Eine Grillpfanne stark erhitzen. Die Spargelstangen im Kokosöl wenden und in der Grillpfanne etwa 2 Minuten pro Seite rösten, bis sie knapp gar sind. Herausnehmen und längs in dünne Streifen schneiden.

Spinat und Mangold in einer großen Schüssel mit dem Erdbeerdressing vermischen. Spargelstreifen, zerbröselten Ziegenkäse und gehackte Haselnüsse darübergeben und den Salat sofort servieren.

HERZHAFTER BIRNEN-FENCHEL-SALAT ⓥ

FÜR 4 PERSONEN

Das Dressing für diesen Salat wirkt auf den ersten Blick ungewöhnlich: Möhrensaft – tatsächlich? Aber seine Süße zusammen mit der frischen Schärfe des Ingwers und der süß-säuerlichen Note des Balsamicos ergeben eine wunderbare Kombination.

Für die gerösteten Birnen

2 Birnen, geviertelt, Kerngehäuse entfernt
Meersalz und grob gemahlener schwarzer Pfeffer

Für das Maronenpüree

100 g gegarte Maronen (vakuumverpackt)
Mark von 1 Vanilleschote

Für das Dressing

2 Möhren
1 Stück Ingwer (2 cm)
2 EL Balsamico-Essig
Meersalz und grob gemahlener schwarzer Pfeffer

Für den Salat

1 TL Kokosöl, geschmolzen
2 Fenchelknollen, längs in 5 mm dünne Scheiben geschnitten
6 Radieschen, längs halbiert
100 g Feldsalat
50 g rohe Haselnüsse, geröstet und grob gehackt

Den Backofen auf 200 °C (Umluft) vorheizen. Ein Backblech mit Backpapier belegen. Die Birnenviertel darauf verteilen, mit Salz und Pfeffer bestreuen und im vorgeheizten Ofen in 20–30 Minuten goldgelb und weich backen.

Inzwischen für das Maronenpüree die Maronen mit 75 ml Wasser und Vanillemark in der Küchenmaschine oder im Mixer glatt pürieren. Falls nötig, teelöffelweise zusätzliches Wasser zugeben. Das Püree in eine Schüssel füllen und beiseitestellen.

Für das Dressing Möhren und Ingwer in den Entsafter geben. Den Saft mit dem Essig verquirlen und mit Salz und Pfeffer abschmecken.

Für den Salat die Stege einer Grillpfanne mit dem Kokosöl einpinseln. Die Pfanne stark erhitzen und die Fenchelscheiben darin portionsweise von jeder Seite 1 Minute anrösten. Herausnehmen und beiseitelegen.

Auf vier Teller jeweils 1 EL Maronenpüree geben. In der Mitte je ein paar Fenchelscheiben anrichten und je zwei Birnenviertel daraufsetzen. Die Radieschenhälften und den Feldsalat ringsum am Rand der Teller verteilen, dann alles mit dem Dressing beträufeln und mit den gerösteten Haselnüssen bestreuen. Den Salat sofort servieren.

FEIGEN-HALLOUMI-SALAT

FÜR 4 PERSONEN

Für das Dressing

50 g rohe Pinienkerne, 2 Stunden
   in Wasser eingeweicht
1 kleine Schalotte, grob gehackt
2 EL Apfelessig
2½ EL Olivenöl
½ TL Himalajasalz
½ TL Sumach, plus mehr
   zum Bestreuen

Für den Salat

250 g Halloumi (Grillkäse)
1 TL Kokosöl
200 g gemischte Salatblätter nach
   Belieben (z. B. roter Spinat, Rucola
   und junge Grünkohlblätter)
4 Feigen, in Vierteln
2 EL Granatapfelkerne

Für das Dressing die Pinienkerne abgießen und mit den übrigen Zutaten in der Küchenmaschine oder im Mixer pürieren. Bei laufendem Motor nach und nach 2 EL Wasser dazugeben, bis das Dressing die gewünschte cremige Konsistenz besitzt. In eine Schüssel umfüllen und beiseitestellen.

Für den Salat den Halloumi in 5 mm dicke Scheiben schneiden. Das Kokosöl in einer mittelgroßen beschichteten Pfanne bei starker Hitze schmelzen lassen. Die Halloumischeiben darin von beiden Seiten goldgelb braten, herausnehmen und in mundgerechte Stücke teilen.

Die Salatblätter auf vier Teller verteilen. Feigen und Halloumi darauf anrichten, alles mit dem Dressing beträufeln und mit den Granatapfelkernen bestreuen. Zum Schluss über alles etwas Sumach streuen und den Salat sofort servieren.

GEFÜLLTE RINGELBETE MIT GRÜNKOHL-ALGEN-SALAT

(V) FÜR 4 PERSONEN

Meine Küche ist mein Heiligtum. Hier kann ich mich kreativ ausdrücken und die Verbindung zu meiner Seele spüren. Genau die gleiche Erfahrung mache ich auch beim Yoga, und diese Verbundenheit gibt mir neuen Schwung, schenkt mir Klarheit und neue Perspektiven.

Im Grunde denke ich fast immer ans Essen, und die Idee zu diesem Salat kam mir in einem Yoga-Retreat. Ich hatte mir vorgenommen, mehr mit Meeresgemüse zu kochen, das mit seinem hohen Jodgehalt wichtig ist für die Gesundheit der Schilddrüse: Das ist die Drüse im Hals, die wichtige Hormone produziert und das Zellwachstum sowie den Stoffwechsel regelt.

Für die Füllung
100 g braune Champignons
120 g rohe Cashewkerne, 2 Stunden in
    Wasser eingeweicht
1 Prise Meersalz

Für den Grünkohl-Algen-Salat
15 g getrocknete Algen (Arame, Wakame
    oder Hijiki, Asia- oder Bioladen)
200 g Grünkohl, grobe Stiele entfernt und
    Blätter grob gehackt
1 Stück Ingwer (5 cm), geschält, in
    streichholzdünnen Stiften
2 EL Sesamsamen, geröstet
1 EL Hanfsamen
75 g rohe Pistazienkerne, gehackt
60 ml Tamari (jap. Sojasauce)
2 EL geröstetes Sesamöl

Außerdem
2 große Knollen geringelte Bete (Tonda di
    Chioggia; ersatzweise weißfleischiger
    Rettich), geputzt und geschält
3 EL rohe Pistazienkerne, grob gehackt

Für die Füllung Pilze, abgegossene Cashewkerne und 1 Prise Salz in der Küchenmaschine oder im Mixer glatt pürieren.

Für den Salat die getrockneten Algen in einer Schüssel mit kochendem Wasser übergießen und 20 Minuten einweichen lassen.

In der Zwischenzeit den Grünkohl mit ein paar EL Wasser in einer großen Pfanne bei mittlerer Hitze schwenken, bis er anfängt zusammenzufallen. In ein Sieb abgießen und gründlich kalt abschrecken, dann in einer Salatschleuder oder in einem Küchentuch gründlich trocken schleudern.

Die Algen in ein Sieb abgießen, dabei das Einweichwasser auffangen und 20 ml davon abmessen. Algen und Grünkohl in eine große Schüssel geben und mit Ingwer, Sesam, Hanf und Pistazien mischen.

Tamari, Algeneinweichwasser und Sesamöl in einem Krug oder einer Schüssel gründlich verquirlen, über den Salat gießen und alles gut unterheben.

Die geringelte Bete oder den Rettich mithilfe einer Mandoline in hauchdünne Scheiben schneiden. Sie brauchen 16 Scheiben (den Rest Bete oder Rettich anderweitig verwenden). Aus acht der Scheiben am Rand ein halbmondförmiges Stück ausstechen oder -schneiden.

Auf vier Teller jeweils zwei vollständige Bete- oder Rettichscheiben legen. Auf jede etwas Füllung setzen und die angeschnittenen Scheiben darauflegen und andrücken.

Den Salat zum Rettich anrichten und alles mit gehackten Pistazien bestreut servieren.

GEFÜLLTE ZUCCHINI MIT FENCHEL-SPARGEL-PICKLES

FÜR 6 PERSONEN

Für dieses Rezept habe ich runde Zucchini verwendet, die im Spätsommer und Frühherbst auf den Markt kommen. Ihre Form prädestiniert sie geradezu fürs Füllen, und mit der Quinoa-Oliven-Mischung ergeben sie eine herrlich üppige Mahlzeit. Falls Sie keine runden Zucchini finden, dann verwenden Sie einfach Rondini (die eine etwas härtere Schale haben), normale Zucchini oder dünnschalige Sommerkürbisse.

Für die Fenchel-Spargel-Pickles

1 Fenchelknolle
2 Stangen grüner Spargel, Enden abgeschnitten, schräg in sehr dünne Scheiben geschnitten
1 EL gehackter Dill
Saft von ½ Zitrone
1 EL Apfelessig
2 EL Olivenöl
Meersalz und grob gemahlener schwarzer Pfeffer

Für das Blumenkohlpüree

4 TL Kokosöl
1 Lauchstange, in feinen Ringen
1 Blumenkohl, Strunk entfernt, Kopf in kleine Röschen geteilt
200 ml Reisdrink
1 Würfel Gemüsebrühe
Meersalz und grob gemahlener schwarzer Pfeffer
frisch geriebene Muskatnuss

Für die gefüllten Zucchini

125 g weiße Quinoa
250 ml Gemüsebrühe
6 runde Zucchini
1 TL Kokosöl
4 Knoblauchzehen, fein gehackt
1 Zwiebel, fein gehackt
50 g Ziegenweichkäse
1 EL Thymianblättchen
1 Handvoll entsteinte schwarze Oliven
Meersalz und grob gemahlener schwarzer Pfeffer
1 EL Olivenöl

Für die Miso-Kapern-Sauce

1 TL Misopaste (Asia- oder Bioladen)
50 ml Olivenöl
2 TL Kapern

Für die Fenchel-Spargel-Pickles die Fenchelstängel abschneiden. Die Knollen halbieren und mit einer Mandoline oder einem Sparschäler hauchdünne Scheiben abhobeln. Fenchelscheiben und Spargelstreifen mit Dill, Zitronensaft, Essig und Öl in eine Schüssel geben. Das Gemüse mit Salz und Pfeffer würzen, alles gut vermischen und zum Durchziehen beiseitestellen.

Für das Blumenkohlpüree das Kokosöl in einem mittelgroßen, schweren Topf erhitzen. Den Lauch dazugeben und bei mittlerer Hitze andünsten, bis er weich ist. Den Blumenkohl zufügen, unterrühren und einige Minuten mitdünsten, dann den Reisdrink angießen. Den Gemüsebrühwürfel darin auflösen, alles aufkochen, dann die Temperatur auf schwache Hitze reduzieren und alles zugedeckt 15 Minuten köcheln lassen. Sobald der Blumenkohl weich ist, den Topf vom Herd nehmen und etwas abkühlen lassen. Die Mischung mit einem Stabmixer glatt pürieren und mit Salz, Pfeffer und Muskat abschmecken. Das Püree beiseitestellen und warm halten.

Die Quinoa in einem Sieb gründlich mit heißem Wasser abspülen und abtropfen lassen. Die Gemüsebrühe in einem Topf aufkochen, die Quinoa einrühren, dann die Temperatur auf schwache Hitze herunterschalten. Die Quinoa zugedeckt etwa 15 Minuten kochen, bis sie weich und locker ist.

Für die Zucchini zunächst von der Unterseite jeder Zucchini eine dünne Scheibe abschneiden, sodass das Gemüse stabil steht. Auf der Oberseite jeweils einen etwa 2 cm breiten Deckel abschneiden und beiseitelegen. Das Fruchtfleisch mit einem Teelöffel möglichst vollständig herauslösen, ohne dabei die Schale zu verletzen. Das Fruchtfleisch fein würfeln und die Zucchini in eine große Auflaufform setzen.

Den Backofen auf 200 °C (Umluft) vorheizen. In einer großen beschichteten Pfanne das Kokosöl zerlassen und Knoblauch und Zwiebel bei schwacher bis mittlerer Hitze darin glasig anschwitzen. Das Zucchinifruchtfleisch dazugeben und bei mittlerer Hitze unter Rühren andünsten. Die gegarte Quinoa unterrühren und die Pfanne vom Herd nehmen. Den Ziegenweichkäse zerbröseln und unterheben, sodass er schmilzt. Thymian und Oliven einrühren und die Mischung mit Salz und Pfeffer abschmecken.

Die Füllung in die Zucchini geben und die Deckel daraufsetzen. So viel Wasser in die Auflaufform gießen, dass es etwa 1 cm hoch darin steht. Alles mit Salz und Pfeffer bestreuen, mit Olivenöl beträufeln und mit Alufolie abdecken. Die Zucchini im vorgeheizten Ofen in 45–60 Minuten weich backen, dann die Folie abnehmen und das Gemüse in weiteren 20 Minuten leicht bräunen lassen.

In der Zwischenzeit für die Miso-Kapern-Sauce Misopaste und Olivenöl in einem kleinen Topf verquirlen. Kapern untermischen und alles erhitzen, aber nicht kochen lassen.

Zum Servieren auf sechs Teller jeweils einen Klecks Blumenkohlpüree geben. Darauf je einen gefüllten Zucchino setzen, den Deckel abnehmen und danebenlegen. Auf die Zucchini je einen Löffel Fenchel-Spargel-Pickles anrichten, die Miso-Kapern-Sauce darum herum auf die Teller träufeln und alles sofort servieren.

HEISSER ZAUBER-TRANK

FÜR 1 PERSON

Gegen eine Erkältung gibt es kein besseres Rundum-Heilmittel als dieses heiße Getränk. Es wirkt nicht nur besser als jedes andere Hausmittel, sondern streichelt mit seinem süßen Geschmack auch noch die Seele. Trinken Sie über den Tag verteilt immer wieder etwas davon, damit Sie schnell wieder auf die Beine kommen. Falls Sie keinen Holunderbeersirup finden, verwenden Sie Schwarze-Johannisbeer-Sirup.

1 Knoblauchzehe, fein gehackt
1 Stück Ingwer (2 cm), geschält, in feinen
    Scheiben
Saft und Fruchtfleisch von 1 Zitrone
2 EL Manukahonig
1 EL Holunderbeersirup
15 Tropfen Echinacea-Extrakt

Alle Zutaten bis auf die Echinacea-Tropfen mit 250 ml Wasser in einem Topf bei mittlerer Hitze aufkochen. Dabei ständig rühren, damit sich der Honig auflöst.

Sobald die Mischung kocht, alles durch ein feines Sieb gießen und mit den Echinacea-Tropfen verrühren. Das Getränk in einem großen Becher servieren.

APRIKOSEN-SALBEI-SCHORLE ⓥ

FÜR 4 PERSONEN

4 große Salbeiblätter
6 reife Aprikosen, entsteint
2 EL Ahornsirup (nach Belieben)
Mineralwasser mit Kohlensäure zum
    Auffüllen

Salbeiblätter, Aprikosen und Ahornsirup mit 3 EL Wasser in einem Mixer glatt pürieren. Die Mischung durch ein feines Sieb gießen und auf vier Gläser verteilen. Das Püree mit Mineralwasser auffüllen, vorsichtig umrühren und servieren.

Im Bild: Heißer Zaubertrank

GOJITARTE MIT PASSIONSFRUCHTCURD

FÜR 1 KUCHEN (35 × 12 CM)

Für den Passionsfruchtcurd

100 ml frisch gepresster Orangensaft

60 ml Zitronensaft

½ TL Agar-Agar

120 ml Passionsfrucht-Fruchtfleisch (von etwa 4 großen Passionsfrüchten)

200 g Honig

5 Eigelb

2 EL Maisstärke

2 EL Olivenöl

Für den Tarteboden

125 g Gojibeeren, 2 Stunden in heißem Wasser eingeweicht

300 g rohe Macadamianüsse oder Cashewkerne, 2 Stunden in Wasser eingeweicht

150 g Kokosraspel

Mark von 1 Vanilleschote

30 g Chiasamen

Für den Passionsfruchtcurd einen kleinen Topf zur Hälfte mit Wasser füllen und bis knapp unter dem Siedepunkt erhitzen. Die Hälfte des Zitrusfruchtsafts mit dem Agar-Agar verrühren und beiseitestellen. In einer Glas- oder Metallschüssel übrigen Saft, Passionsfrucht, Honig und Eigelbe verquirlen und die Schüssel auf das heiße Wasserbad setzen. Der Schüsselboden darf das heiße Wasser nicht berühren.

Die Fruchtmischung unter ständigem Rühren mit dem Schneebesen 6–7 Minuten erhitzen, während sie sich langsam eintrübt. Sobald es dampft, 4 EL davon abnehmen und in einer zweiten Schüssel mit der Stärke verrühren.

Die Stärkemischung und das angerührte Agar-Agar in die Fruchtcreme über dem Wasserbad einrühren und alles weitere 3 Minuten unter Rühren erhitzen, bis die Mischung dickcremig wird. Dabei aufpassen, dass der Curd nicht zu heiß wird, weil sonst die Eier stocken.

Den Curd vom Herd nehmen und das Olivenöl unterquirlen. Die Schüssel mit Frischhaltefolie abdecken und den Curd im Kühlschrank vollständig abkühlen lassen.

Inzwischen für den Tarteboden die Gojibeeren abgießen und mit Macadamianüssen oder Cashewkernen, Kokosraspeln und Vanillemark in der Küchenmaschine oder im Mixer pürieren. Die Masse soll weichem Cookie-Teig ähneln. Die Masse in eine Schüssel umfüllen, die Chiasamen unterrühren und die Mischung offen 30 Minuten bei Zimmertemperatur durchziehen lassen. Eine rechteckige (35 × 12 cm) oder runde Tarteform (Ø 23 cm) mit Frischhaltefolie auslegen. Die Gojimasse darin mit einem Teigspatel gleichmäßig verteilen und festdrücken. Den Tarteboden bis zur Verwendung offen in den Kühlschrank stellen.

Zum Füllen den Tarteboden aus dem Kühlschrank nehmen und den Passionsfruchtcurd mit einem Esslöffel oder Teigspatel darauf verteilen. Die Tarte über Nacht im Kühlschrank fest werden lassen. Am nächsten Tag anschneiden und servieren. Sie hält sich im Kühlschrank bis zu 3 Tage.

APFEL-GEWÜRZ-EISCREME ⓥ

FÜR 6–8 PERSONEN

Für dieses Rezept ist entscheidend, dass die Äpfel wirklich durchgegart und weich sind. Nur so bekommt die Eiscreme ihre cremige Konsistenz.

650 g Äpfel, geschält, Kerngehäuse entfernt
1 EL Kokosöl
¼ TL Meersalz
1 EL gemahlener Zimt
½ TL gemahlener Kardamom
1 TL gemahlener Ingwer
½ TL gemahlener Sternanis
½ TL frisch geriebene Muskatnuss
1 Vanilleschote, längs aufgeschlitzt, Mark herausgekratzt
4 EL Ahornsirup
800 ml Kokosmilch
55 g rohe Haselnüsse, geröstet und grob gehackt

Die Äpfel in mundgerechte Stücke schneiden. Das Kokosöl in einem großen Topf bei schwacher bis mittlerer Hitze schmelzen lassen. Die Apfelstücke mit Salz, Gewürzen, Vanillemark und -schote zufügen, dann 2 EL Ahornsirup dazugeben und alles gut verrühren. Die Äpfel in etwa 10 Minuten weich kochen. Vom Herd nehmen und 20 Minuten abkühlen lassen.

Die Vanilleschote entfernen. Die Apfelmischung mit den übrigen 2 EL Ahornsirup und der Kokosmilch in der Küchenmaschine oder im Mixer glatt pürieren.

Die Eismasse in eine Eismaschine füllen und nach Angabe des Herstellers gefrieren. Wer kein Gerät besitzt, geht so vor: Eine große Kasten- oder quadratische Kuchenform mit Frischhaltefolie auslegen, sodass reichlich Folie überhängt. Die Eismasse hineingießen, die Oberfläche mit der überhängenden Folie abdecken und die Form ins Tiefkühlfach stellen. Nach 2–3 Stunden, wenn die Masse halb gefroren ist, mit einer Gabel oder einem Löffel gründlich durchrühren, um Eiskristalle aufzubrechen. Die gehackten Haselnüsse unterziehen und die Masse weiter gefrieren lassen. Dabei darauf achten, dass die Oberfläche immer abgedeckt ist, damit sich dort keine Eiskristalle bilden können. Bis zum Servieren wieder ins Tiefkühlfach stellen.

Die Eiscreme mindestens 15 Minuten vor dem Servieren herausnehmen und weich werden lassen, dann portionieren und servieren.

Beruhigen

In diesem Kapitel dreht sich alles um das sechste
Chakra, das auch als drittes Auge bezeichnet
wird, weil es unser inneres Wahrnehmungsor-
gan ist. Hier sind Weisheit und Intuition verortet.
Wenn wir das dritte Auge öffnen, nehmen wir
das große Ganze wahr, sehen Zusammenhänge,
Sinn und Ziel. Jedes Chakra schenkt uns Ein-
sichten in unser Ich, aber es ist die Aufgabe des
sechsten Chakras, diese Informationen zu einem
klaren Gesamtbild zusammenzufügen. Durch
diese Selbstreflexion entstehen ein tieferes Verständnis und eine neue innere Ganzheit.

Viele der Rezepte in diesem Kapitel enthalten
stimmungsaufhellende Zutaten wie das Grüntee-
pulver Matcha oder rohen Kakao. Andere Lebensmittel, die ich hier benutze, wirken positiv auf
Konzentration, Erinnerungsvermögen und Fokus-
sierung oder stärken das Nervensystem, darunter Kamille, Zitronenverbene und schwarzer
Sesam.

Mit dem sechsten Chakra können wir begreifen, was wahre Gesundheit ausmacht, denn hier
geht es nicht mehr nur um Symptome, sondern
um den Körper als Ganzes. Wenn wir in unserer
yogischen Entwicklung so weit gekommen sind,
dann sind wir in der Lage, darauf zu hören, was
unser Körper braucht, und können entsprechend
handeln.

HERZHAFTE HAFER-SCHNITTEN

FÜR 12 STÜCK

Eigentlich kommen Flapjacks, die englischen Haferschnitten, ja süß daher. Diese Variante ist ideal für Momente, in denen man sich nach etwas Herzhaftem, aber dennoch Leichtem sehnt: Sie erinnern vom Geschmack her ein bisschen an Pizza und eignen sich wunderbar zum Mitnehmen als Picknick oder Snack. Experimentieren Sie ruhig nach Herzenslust mit den Zutaten! Zum Beispiel könnten Sie die Zucchini durch Möhren ersetzen und den Feta durch Ziegenkäse.

1 EL Kokosöl
1 kleine rote Zwiebel, fein gehackt
1 rote Paprikaschote, entkernt und gewürfelt
2 Zucchini, gerieben
3 EL entsteinte Kalamata-Oliven
2 Eier, leicht verquirlt
50 ml Olivenöl
250 g Haferflocken (ersatzweise Hirseflocken)
1½ TL getrockneter Oregano
1 TL Meersalz
½ TL grob gemahlener schwarzer Pfeffer
150 g Feta, zerbröselt
einige Oreganozweige zum Bestreuen

Den Backofen auf 180 °C (Umluft) vorheizen. Eine rechteckige Back- oder Auflaufform (36 × 20 cm) mit Backpapier auslegen. Das Kokosöl in einer Pfanne bei mittlerer Hitze schmelzen und Zwiebel und Paprika darin anbraten, bis sie weich sind. Zucchiniraspel und Oliven zufügen und einige Minuten mitbraten.

Den Pfanneninhalt in eine große Schüssel umfüllen. Eier, Olivenöl, Haferflocken, Oregano, Salz und Pfeffer zufügen und alles mit den Händen gut vermischen. Die Masse in die vorbereitete Form füllen.

Den Feta auf der Oberfläche verteilen und die Masse mit den Händen oder einem Teigspatel gründlich festdrücken.

Die Masse im heißen Backofen etwa 35 Minuten backen, bis sie goldbraun ist. Herausnehmen, abkühlen lassen, mit frischem Oregano bestreuen und in zwölf Quadrate oder Rechtecke schneiden.

Von links nach rechts: Kakao-Tahin-Energiebällchen (s. S. 148), Schwarzer-Sesam-Drink (s. S. 156) und Matcha-Kokos-Bällchen (s. S. 148)

MATCHA-KOKOS-BÄLLCHEN MIT LIMETTE

Ⓥ **FÜR 18 STÜCK**

Energiebällchen sind wunderbare Snacks für zwischendurch und ein toller Energiebooster, gerade vor der Yogastunde. Kein Wunder, dass sie unter Yogis so beliebt sind!

120 g Kokosraspel, plus 2 EL Kokosraspel zum Überziehen

85 g gemahlene Mandeln, plus evtl. mehr

2 EL Kokosöl, geschmolzen, plus evtl. mehr

3 EL Kokosblütensirup für die vegane Variante oder Honig

abgeriebene Schale und Saft von 2 Bio-Limetten

1 Prise Meersalz

1 TL Matchapulver

Alle Zutaten bis auf die Kokosraspeln zum Überziehen in der Küchenmaschine oder im Mixer pürieren, bis sie sich zu einer teigartigen Masse zusammenballen. Falls die Mischung zu krümelig bleibt, noch etwas Kokosöl zufügen; ist sie zu feucht, mehr gemahlene Mandeln unterarbeiten.

Die Masse in eine Schüssel umfüllen, mit Frischhaltefolie abdecken und 30 Minuten in den Kühlschrank stellen.

Aus der gekühlten Masse walnussgroße Bällchen formen. Diese portionsweise mit 2 EL Kokosraspeln in einen Gefrierbeutel geben und schütteln, bis sie mit Kokosraspeln überzogen sind. Die fertigen Bällchen in dem Beutel oder in einem luftdichten Behälter im Kühlschrank aufbewahren. Sie halten sich bis zu 2 Wochen.

KAKAO-TAHIN-ENERGIE-BÄLLCHEN

Ⓥ **FÜR 12 STÜCK**

65 g Tahin (Sesammus), plus evtl. etwas mehr

350 g getrocknete, entsteinte Datteln

30 g rohes Kakaopulver

2 TL Sesamsamen

Tahin, Datteln und Kakaopulver in der Küchenmaschine oder im Mixer pürieren. Die Mischung probieren: Sie sollte schön rund und leicht nussig schmecken. Falls nötig, mehr Tahin zufügen.

Wenn eine glatte Paste entstanden ist, die Masse in eine Schüssel umfüllen, mit Frischhaltefolie abdecken und 30 Minuten in den Kühlschrank stellen.

Aus der gekühlten Masse walnussgroße Bällchen formen. Diese portionsweise mit den Sesamsamen in einen Gefrierbeutel geben und schütteln, bis sie mit Sesam überzogen sind. Die fertigen Bällchen in dem Beutel oder in einem luftdichten Behälter im Kühlschrank aufbewahren. Sie halten sich bis zu 2 Wochen.

MATCHA-COOKIES

V FÜR 30 STÜCK

Matcha ist in den letzten Jahren zur beliebten Küchenzutat aufgestiegen – völlig zu Recht, denn das Loblied der positiven Auswirkungen, die das grüne Teepulver auf die Gesundheit hat, kann man gar nicht laut genug singen! Da Matcha eine deutliche Bitternote mitbringt, kombiniere ich es gerne mit frischen Aromen wie Ingwer und Limette oder Kardamom – das ergänzt sich bestens.

250 g Kokosraspel
2 EL Matchapulver
1 EL gemahlener Kardamom
250 g gemahlene Mandeln
½ TL Himalajasalz
260 g Kokosblütensirup oder Honig
75 g Kokosöl, geschmolzen
Mark von 1 Vanilleschote

Den Backofen auf 120 °C (Umluft) vorheizen. Zwei Backbleche mit Backpapier belegen.

Kokosraspel, Matchapulver, Kardamom, gemahlene Mandeln und Salz in einer großen Schüssel gründlich vermischen. Kokosblütensirup oder Honig, Kokosöl und Vanillemark unterrühren. Die Mischung abgedeckt 30 Minuten im Kühlschrank fest werden lassen.

Jeweils eine kleine Handvoll von der Masse zwischen den Handflächen zu einem Bällchen rollen und auf die Bleche setzen (oder zum Formen einen Eisportionierer verwenden). Es ist nicht nötig, dabei viel Abstand einzuhalten, denn die Masse läuft beim Backen nicht auseinander. Die Plätzchen mit einer Gabel flach drücken, sodass sie ein Rillenmuster bekommen.

Die Plätzchen im vorgeheizten Ofen 50–60 Minuten backen, bis sie an den Rändern knusprig sind, in der Mitte aber noch weich. Herausnehmen und auf den Blechen auskühlen lassen. In einem luftdichten Behälter lassen sie sich 2 Wochen aufbewahren.

GRÜNKOHL-STRÜNKE MIT HEIDELBEER-HASELNUSS-SALSA

FÜR 4 PERSONEN

Dieses Gericht ist supereinfach zu machen, bringt aber jede Menge Aroma mit. Entstanden ist es, weil ich nach kreativen Verwertungsmöglichkeiten für die Grünkohlstrünke suchte, nachdem ich aus den Blättern Grünkohlchips gemacht habe. Denn Essbares werfe ich einfach nicht gerne weg!

Für das Dressing

3 EL Hanföl
Saft von 1 Limette
2 EL Ahornsirup oder Kokosblütensirup
Meersalz und grob gemahlener
    schwarzer Pfeffer

Für die Salsa

200 g Heidelbeeren
200 g rohe Haselnüsse, geröstet und
    grob gehackt
100 g Feta, zerbröselt
1 großes Bund Minze, Blätter abgezupft
    und fein gehackt
1 großes Bund Koriandergrün, Blätter
    abgezupft und fein gehackt

Für die Grünkohlstrünke

25 Stängel Grünkohl (ersatzweise Cavolo
    nero, italienischer Schwarzkohl, oder
    grüner Spargel)
2 EL Kokosöl
Meersalz und grob gemahlener
    schwarzer Pfeffer
4 EL schwarze Olivenpaste
    (Fertigprodukt)

Für das Dressing alle Zutaten in einer Schüssel gründlich verquirlen, mit Salz und Pfeffer würzen und beiseitestellen.

Für die Salsa die Heidelbeeren in einer zweiten Schüssel mit Haselnüssen, Feta, Minze und Koriander vermischen. Die Hälfte des Dressings unterrühren und die Salsa beiseitestellen.

Für die Grünkohlstrünke die Grünkohlblätter von den Strünken schneiden oder streifen und anderweitig verwenden. Das Kokosöl in einer Pfanne bei starker Hitze schmelzen. Die Strünke hineingeben, mit Salz und Pfeffer würzen und unter Wenden anbraten, bis sie gebräunt, stellenweise sogar schwärzlich sind. Die fertigen Strünke herausnehmen.

Jeweils 1 EL Olivenpaste mittig auf vier Teller geben. Die angebratenen Strünke darauf verteilen, die Heidelbeer-Haselnuss-Salsa darübergeben und das übrige Dressing darüberträufen. Alles sofort servieren.

BLUMENKOHL MIT TRAUBEN, NÜSSEN & PIMENT

Ⓥ FÜR 2 PERSONEN

Haben Sie schon mal violetten Blumenkohl gesehen? Auf den ersten Blick wirkt er wie ein genmanipuliertes Gemüse, aber tatsächlich handelt es sich um eine ganz normale Variante des weißen Blumenkohls, nur dass er eine ordentliche Portion Anthocyane mitbringt. Diese sekundären Pflanzenstoffe sind für die rote bis violette Farbe in vielen Obst- und Gemüsesorten wie Trauben, Rotkohl oder Heidelbeeren verantwortlich. Sie schützen vor Demenz und beugen Krebs und Herz-Kreislauf-Erkrankungen vor.

Für das Dressing
120 g Kokosmilchjoghurt
¼ TL gemahlener Zimt
¼ TL Piment
1 EL Sherryessig
1 EL Ahornsirup
¼ TL Meersalz

Für den Salat
1 großer violetter Blumenkohl (900 g; ersatzweise weißer), in Röschen
½ kleine rote Zwiebel, in feinen Scheiben
2 Stängel Dill, grob gehackt, plus gehackter Dill zum Garnieren
100 g rote Weintrauben, halbiert und entkernt (falls nötig)
40 g rohe Haselnüsse, geröstet und grob gehackt

Für das Dressing alle Zutaten in eine kleine Schüssel geben und verquirlen. Das Dressing mit etwas Salz abschmecken und beiseitestellen.

Die Blumenkohlröschen in einer großen Schüssel mit Zwiebel und Dill vermischen. Das Dressing darüber verteilen und gut unterheben. Zum Schluss die Traubenhälften untermischen. Den Salat in einer großen Schale oder auf einer Platte anrichten und mit Haselnüssen und Dill bestreuen.

LEICHTER WALDORF-SALAT

 FÜR 4 PERSONEN

Für das Dressing

2 EL Granatapfelsirup (Bioladen
    oder Reformhaus)
60 ml Olivenöl
Saft von 1 großen Zitrone
Meersalz und grob gemahlener
    schwarzer Pfeffer

Für den Salat

¼ Rotkohl, mit der Mandoline in feine
    Streifen gehobelt
3 große Stangen Staudensellerie, schräg
    in lange, dünne Scheiben geschnitten
2 Äpfel (Granny Smith), Kerngehäuse
    ausgestochen, Äpfel in feinen
    Scheiben
4–6 Radieschen, in feinen Scheiben
½ große Fenchelknolle, Stängel entfernt,
    Fenchel mit der Mandoline in feine
    Streifen gehobelt
100 g rote Weintrauben, halbiert und
    entkernt (falls nötig)
1 kleines Bund glatte Petersilie, Blätter
    abgezupft und grob gehackt

Zum Anrichten

2 Stauden roter Chicorée (ersatzweise
    weißer), Blätter abgelöst
Walnusskerne, grob zerdrückt, und
    Granatapfelkerne zum Garnieren

Für das Dressing alle Zutaten in einer kleinen Schüssel verquirlen.

Alle Salatzutaten in einer großen Schüssel vermischen. Das geht am besten mit den Händen. Das Dressing darübergießen und gründlich unterheben.

Eine Platte oder flache Schüssel mit den Chicoréeblättern auslegen. Den Salat darauf anrichten und mit den Walnüssen und den Granatapfelkernen bestreut servieren.

SALAT VON BALSAMICO-ZWIEBELN MIT AUBERGINEN & FEIGEN ⓥ

FÜR 4 PERSONEN

Die Süße der Zwiebeln kommt durch das Backen im Balsamicosud ganz wunderbar zur Geltung. Sie können sie gut ein paar Stunden vorher oder sogar am Vortag vorbereiten: Ihr Aroma profitiert dadurch noch. Verwenden Sie für dieses Gericht echten Balsamico von bester Qualität.

2 große Auberginen, in großen Stücken
2–3 EL Olivenöl
Meersalz und grob gemahlener
    schwarzer Pfeffer
2 große rote Zwiebeln
60 ml Balsamico-Essig
50 g rohe Mandeln
60 g Radicchio, Blätter abgelöst und in
    mundgerechte Stücke gezupft
40 g Rucola
1 großes Bund Basilikum, Blätter
    abgezupft und gehackt
4 große Feigen, in mundgerechten
    Stücken
50 g entsteinte schwarze Oliven

Den Backofen auf 210 °C (Umluft) vorheizen. Die Auberginenstücke auf einem Backblech verteilen, mit Olivenöl beträufeln und mit Salz und Pfeffer würzen. Die Auberginen im vorgeheizten Ofen in etwa 25 Minuten weich und goldbraun backen.

Inzwischen den Wurzelansatz der Zwiebeln so knapp abschneiden, dass die einzelnen Schichten noch zusammenhalten. Die Zwiebeln halbieren, schälen und jede Hälfte in zwei oder drei Spalten schneiden. Die Zwiebelspalten mit Balsamico-Essig und 2 EL Wasser in eine feuerfeste Form geben und im vorgeheizten Ofen mit den Auberginen 20 Minuten backen. Dabei zwischendurch kontrollieren, dass sie nicht schwarz werden, und gegebenenfalls mit Alufolie abdecken. Sobald sie weich sind, herausnehmen.

Dann die Ofentemperatur auf 160 °C (Umluft) herunterschalten. Die Mandeln auf einem Blech verteilen und im Ofen in 20 Minuten goldgelb anrösten. Herausnehmen, abkühlen lassen und grob hacken.

Radicchio, Rucola und Basilikum in einer großen Schüssel vermischen. Zwiebeln, Auberginen und Feigenstücke dazugeben, unterheben und alles mit Salz und Pfeffer würzen. Zum Servieren den Salat mit gehackten Mandeln und Oliven bestreuen.

KAKAO-MANDEL-SMOOTHIE

Ⓥ FÜR 2 PERSONEN

Genau das Richtige für einen genüsslichen Morgen!

1 EL rohes Kakaopulver
2 Bananen, geschält
1 EL Hanf-Proteinpulver
1 TL gemahlener Zimt
500 ml Mandeldrink

Einfach alle Zutaten in einem Mixer in 2–3 Minuten glatt pürieren. Den Smoothie auf zwei Gläser verteilen und servieren.

SCHWARZER-SESAM-DRINK

Ⓥ ERGIBT 750 ML

Sesamsamen enthalten nicht nur richtig viel Kalzium, sondern dazu auch noch Magnesium, das zusammen mit Vitamin D dem Körper dabei hilft, dieses Kalzium auch aufzunehmen. Daneben regt Magnesium die körpereigene Produktion des Hormons Calcitonin an, das den Abbau von Kalzium aus den Knochen verhindert. Sowohl Kalzium als auch Magnesium haben eine beruhigende Wirkung, sodass sie zur Behandlung von Schlaflosigkeit oder Nervosität eingesetzt werden können.

Allerdings macht es für den Kalziumgehalt einen entscheidenden Unterschied, ob geschälter oder ungeschälter Sesam zum Einsatz kommt: Während 1 EL ungeschälte Sesamsamen um die 80 mg Kalzium enthalten, sind es bei geschälten nur noch 5–10 mg, also rund 90 % weniger.

160 g ungeschälte schwarze Sesamsamen (ersatzweise ungeschälte weiße Sesamsamen)
1 TL Zitronensaft
3 Medjool-Datteln
1 TL gemahlener Kardamom

Am Vorabend die Sesamsamen mit dem Zitronensaft in eine mittelgroße Schüssel geben und mit so viel Wasser bedecken, dass es 1 cm hoch über dem Sesam steht. Die Schüssel abdecken und den Sesam mindestens 8 Stunden (oder über Nacht) einweichen.

Am nächsten Tag den Sesam in ein Sieb abgießen, gründlich abspülen und abtropfen lassen. Den Sesam mit 700 ml Wasser, Datteln und Kardamom in einem Mixer 2–3 Minuten pürieren.

Wenn Sie auf einen vollständig glatten Drink Wert legen, den Sesam zunächst ohne Datteln und Kardamom pürieren, die Flüssigkeit durch einen Nussmilchbeutel oder ein sauberes Tuch gießen und das Sesammus entsorgen. Erst jetzt den Sesamdrink mit Datteln und Kardamom pürieren.

KOKOS-MISO-EIS MIT INGWER

Ⓥ FÜR 6 PERSONEN

Diese vegane Eiscreme kommt wunderbar cremig daher. Das Geheimnis? Vollfette, cremige Kokosmilch. Mit anderen veganen Milchsorten wie Mandel-, Reis- oder Sojamilch funktioniert Eiscreme einfach nicht so gut.

1 EL Pfeilwurzmehl
800 ml Kokosmilch (eine vollfette, keine fettreduzierte Sorte)
120 ml Ahornsirup
1 Stück Ingwer (5 cm), geschält, in dünnen Scheiben
1 EL helle Misopaste (Asia- oder Bioladen)

Das Pfeilwurzmehl in einer kleinen Schüssel mit 200 ml Kokosmilch glatt rühren und beiseitestellen.

Die übrige Kokosmilch mit Ahornsirup, Ingwer und Misopaste in einem Topf bei schwacher Temperatur bis kurz unter den Siedepunkt erhitzen. Dabei mit einem Schneebesen rühren, damit sich die Misopaste auflöst. Kurz bevor die Mischung kocht, das angerührte Pfeilwurzmehl einrühren, sodass die Flüssigkeit eindickt. Den Topf vom Herd nehmen und die Eismasse weiterrühren, bis sie dick und cremig ist. Den Deckel auflegen und die Kokosmilchmischung abkühlen lassen.

Sobald sie kalt ist, die Eismasse durch ein feines Sieb gießen und die Ingwerscheiben entfernen.

Die Masse in eine Eismaschine füllen und nach Angabe des Herstellers gefrieren. Wer kein Gerät besitzt, geht so vor: Eine große Kasten- oder quadratische Kuchenform mit Frischhaltefolie auslegen, sodass reichlich Folie überhängt. Die Eismasse hineingießen, die Oberfläche mit der überhängenden Folie abdecken und die Form ins Tiefkühlgerät stellen. Nach 2–3 Stunden, wenn die Masse halb gefroren ist, mit einer Gabel oder einem Löffel gründlich durchrühren, um Eiskristalle aufzubrechen. Die Masse weiter gefrieren lassen. Dabei darauf achten, dass die Oberfläche vollständig abgedeckt ist, damit sich dort keine Eiskristalle bilden können. Die fertig gefrorene Eiscreme in der Küchenmaschine oder im Mixer pürieren, damit sie eine cremige Konsistenz bekommt. Bis zum Servieren wieder ins Tiefkühlgerät stellen.

VERY-BERRY-EISCREME MIT BAOBAB

V FÜR 2–4 PERSONEN

Dieses Eis ähnelt eher einem Sorbet. Eine Eismaschine ist für die Zubereitung zwar nicht unbedingt nötig, aber am cremigsten wird es in einem solchen Gerät. Das Pulver aus den getrockneten Früchten des afrikanischen Baobab-Baumes trägt dazu bei, dass diese Süßigkeit eine große Portion Vitamin C enthält. Falls die Himbeeren sehr säuerlich sind, geben Sie einfach mehr Vanillemark hinzu.

500 g Himbeeren (frisch oder TK)
160 ml Kokossahne (1 Dose Kokosmilch über Nacht in den Kühlschrank stellen und am nächsten Tag die feste Masse, die sich oben abgesetzt hat, herauslöffeln)
2 EL Baobab-Fruchtpulver
Mark von 2 Vanilleschoten

Die Himbeeren (TK-Ware muss nicht aufgetaut werden) mit Kokossahne, Baobab-Fruchtpulver und Vanillemark in der Küchenmaschine oder im Mixer glatt pürieren.

Die Eismasse in eine Eismaschine füllen und nach Angabe des Herstellers in etwa 1 Stunde gefrieren. Wer kein Gerät besitzt, geht so vor: Eine Kuchen- oder gläserne Auflaufform (Plastikbehältnisse bekommen beim Servieren oft Risse) mit Frischhaltefolie auslegen, sodass reichlich Folie überhängt. Die Eismasse hineingießen, die Oberfläche mit der überhängenden Folie abdecken und die Form ins Tiefkühlgerät stellen. Nach 2–3 Stunden, wenn die Masse halb gefroren ist, mit einer Gabel oder einem Löffel gründlich durchrühren, um Eiskristalle aufzubrechen. Die Masse weiter gefrieren lassen. Dabei darauf achten, dass die Oberfläche vollständig abgedeckt ist, damit sich dort keine Eiskristalle bilden können. Die fertig gefrorene Eiscreme in der Küchenmaschine oder im Mixer pürieren, damit sie eine cremige Konsistenz bekommt. Bis zum Servieren wieder ins Tiefkühlgerät stellen.

Wunderbar cremige Eiskreationen sind natürlich auch mit anderen Beeren oder Früchten möglich – probieren Sie es aus!

PFLAUMEN-TARTE MIT KAMILLE ⓥ

FÜR 1 TARTE (32 × 12 CM)

Kamillenblüten mit ihren besänftigenden Eigenschaften setze ich vor allem als mildes Beruhigungsmittel ein. Weil sie die Muskeln entkrampfen, können sie bei Schlaflosigkeit den Übergang in entspannenden Schlummer erleichtern. Als Zutat im Essen wirkt Kamille beruhigend auf den Verdauungstrakt, lindert Blähungen, Übelkeit und Krämpfe.

Diese Tarte schmeckt nicht nur mit Pflaumen: Auch Pfirsiche und Aprikosen passen gut.

Für den Belag

3 Teebeutel Kamille
275 g rohe Cashewkerne
6–8 reife Pflaumen (je nach Größe), halbiert und entsteint
3 EL Ahornsirup
Mark von 1 Vanilleschote
Meersalz

Für den Tarteboden

85 g Kokosraspel
200 g rohe Macadamianüsse
60 ml Ahornsirup
Meersalz

Für den Belag die Teebeutel in einer hitzefesten Schüssel mit 350 ml kochendem Wasser übergießen, abdecken und vollständig abkühlen lassen. Die Cashewkerne zufügen und 2 Stunden (oder über Nacht) einweichen.

Inzwischen den Backofen auf 210 °C (Umluft) vorheizen. Ein Backblech mit Backpapier belegen. Die Pflaumen mit der Schnittfläche nach unten darauflegen, 10 Minuten im vorgeheizten Ofen backen, dann wenden. Die Pflaumen weitere 10 Minuten backen, bis sie weich sind. Herausnehmen und gut abkühlen lassen.

Die eingeweichten Cashewkerne abgießen, dabei den Kamillensud auffangen. Die Teebeutel entsorgen. Cashewkerne, Ahornsirup, Vanillemark, 1 Prise Salz und 60 ml Kamillensud in der Küchenmaschine oder im Mixer zu einer glatten Creme pürieren.

Für den Tarteboden alle Zutaten mit 1 Prise Salz und 2 EL Kamillensud in der Küchenmaschine oder im Mixer pürieren. Die Masse soll weichem Cookie-Teig ähneln. Falls sie zu trocken ist, noch einen Spritzer Kamillensud untermischen. Eine rechteckige (35 × 15 cm) oder runde Tarteform (Ø 23 cm) mit Frischhaltefolie auslegen. Die Masse darin gleichmäßig verteilen und festdrücken. Den Tarteboden mindestens 30 Minuten kalt stellen.

Die Cashewcreme mit einem Teigschaber darauf verteilen. Die gebackenen Pflaumen mit der Schnittfläche nach oben darauflegen. Die Tarte in Stücke schneiden und servieren. Sie hält sich im Kühlschrank etwa 3 Tage.

RHABARBER-HEIDELBEER-KONFITÜRE MIT CHIA ⓥ

ERGIBT 800 ML

500 g Rhabarber, geputzt und geschält,
    in 2–3 cm großen Stücken
500 g Heidelbeeren
2 EL Zitronensaft
6 Stängel Zitronenverbene (ersatzweise
    getrocknete Kräuter aus 1 Teebeutel
    Zitronenverbene)
2–3 TL rohes Süßholzpulver (Apotheke
    oder Internethandel)
120 g Chiasamen

Süßholzpulver gibt es in Apotheken und online zu kaufen. Nehmen Sie Süßholz aber nur in Maßen zu sich (vgl. S. 70), zu viel davon kann den Blutdruck erhöhen. Diese tolle Konfitüre funktioniert auch mit anderen Beeren oder Früchten – probieren Sie es einfach aus!

Den Rhabarber mit Heidelbeeren, Zitronensaft und Zitronenverbene in einem Topf bei mittlerer Hitze aufkochen und 10–12 Minuten köcheln lassen. Sobald Rhabarber und Beeren weich werden, beides mit einem hölzernen Kochlöffel zerdrücken.

Anschließend den Topf vom Herd nehmen. Alles 15 Minuten abkühlen lassen, dann das Süßholzpulver unterrühren. Die Mischung probieren. Falls sie Ihnen nicht süß genug ist, noch etwas Süßholzpulver zufügen.

Die Chiasamen gründlich unterrühren, dabei darauf achten, dass sich keine Klumpen bilden. Die Mischung im Topf vollständig abkühlen lassen, damit die Chiasamen aufquellen und die Konfitüre andicken.

Nun die fertige Konfitüre in saubere Schraubgläser füllen, verschließen und im Kühlschrank aufbewahren. Sie hält sich dort bis zu 2 Wochen.

SCHOKO-MOKKA-PUDDING MIT GEBACKENEN FEIGEN ⓥ

FÜR 4 PERSONEN

Verführerisch ist es auf jeden Fall, dieses dekadent schokoladige Dessert – aber ein schlechtes Gewissen brauchen Sie noch lange nicht zu haben, wenn Sie diesen Reizen erliegen! Außerhalb der Feigensaison können Sie die Früchte durch Pflaumen oder Kirschen ersetzen.

Für den Schokopudding

3 Päckchen vegetarisches Geliermittel
350 ml Mandeldrink
Mark von 1 Vanilleschote
20 g rohes Kakaopulver
90 ml Espresso (ersatzweise
    1 TL Instantkaffeepulver,
    aufgelöst in 90 ml Wasser)
100 g Kokosblütenzucker

Für die gebackenen Feigen

4 Feigen
2 EL Ahornsirup
Mark von ½ Vanilleschote

Für den Schokopudding das Geliermittel in einer kleinen Schüssel mit 100 ml Wasser verrühren, bis es sich aufgelöst hat.

Den Mandeldrink in einem mittelgroßen Topf bei schwacher bis mittlerer Hitze erwärmen. Vanillemark, Kakaopulver, Espresso (oder Instantkaffee) und Kokosblütenzucker zufügen und alles verrühren, bis sich der Zucker aufgelöst und das Kakaopulver gut verteilt hat.

Die Geliermittelmischung einrühren und alles bis kurz unter den Siedepunkt erhitzen. Bevor die Flüssigkeit kocht, den Topf vom Herd nehmen und die Mischung durch ein feines Sieb in einen Krug gießen, dann auf vier Souffléförmchen oder Schälchen verteilen. Die Flüssigkeit darin erst vollständig abkühlen lassen, dann 3–4 Stunden in den Kühlschrank stellen, damit sie fest werden kann.

Den Backofen auf 180 °C (Umluft) vorheizen. Die Feigen halbieren und mit der Schnittfläche nach oben in eine große Auflaufform legen. Ahornsirup und Vanillemark verrühren und darüberträufeln. Die Feigen im vorgeheizten Ofen 10–15 Minuten backen, bis sie weich sind. Die genaue Dauer hängt davon ab, wie reif die Früchte sind. Die gebackenen Feigen herausnehmen und im eigenen Saft abkühlen lassen.

Zum Servieren die Förmchen oder Schälchen auf flache Teller stellen. Daneben je zwei Feigenhälften anrichten und den Feigensud über den Pudding träufeln.

MATCHA-CHIA-PUDDING

 FÜR 2–4 PERSONEN

Leuchtend grün und voller Antioxidantien: Dieser Chiapudding liefert genau die Energie, die für den Tag nötig ist – und zwar stundenlang. Er eignet sich daher als süße Kleinigkeit zwischendurch oder als Frühstück, doch auch als Dessert sorgt er für gute Laune und Konzentration.

Für den Chiapudding

1 TL Matchapulver
200 ml ungesüßter Mandeldrink, plus evtl. etwas mehr
1 EL Ahornsirup oder Kokosblütensirup
2 EL Chiasamen

Für die Schichten

100 g Kokosmilchjoghurt
100 g Grünes Granola (s. S. 96)
100 g Heidelbeeren
2 EL Haselnussmus (s. S. 19)
rohe Kakao-Nibs und Blütenpollen zum Garnieren

Für den Chiapudding das Matchapulver mit 2 TL Mandeldrink in einer Schüssel zu einer Paste vermischen, dann den übrigen Mandeldrink und den Ahornsirup oder Kokosblütensirup einrühren. Das geht am besten mithilfe eines Matchabesens aus Bambus oder eines Schneebesens.

Die Chiasamen unterrühren. Die Schüssel mit Frischhaltefolie abdecken und 2 Stunden kalt stellen, damit die Chiasamen quellen können. Falls der Chiapudding danach zu fest ist, um ihn mit den anderen Zutaten einzuschichten, noch esslöffelweise Mandeldrink untermischen.

Zum Servieren zuerst den Kokosmilchjoghurt auf die Gläser verteilen. Erst Grünes Granola, dann Heidelbeeren, Chiapudding und Haselnussmus daraufschichten und alles mit Kakao-Nibs und Blütenpollen bestreuen.

SCHOKO-CHIA-COOKIES

(V) FÜR 20 STÜCK

Eigentlich ähneln diese süßen Köstlichkeiten eher Macarons als Cookies. Statt wie üblich Ei zu verwenden, habe ich hier Chiasamen als Bindemittel eingesetzt. Deshalb muss die Masse vor dem Backen eine Weile durchziehen, damit die Samen aufquellen können. Falls sie trotzdem nicht gut genug zusammenhält, geben Sie einfach noch etwas Chia dazu und lassen Sie die Masse weitere 10 Minuten quellen.

250 g Kokosraspel
40 g Chiasamen, plus evtl. etwas mehr
120 g rohes Kakaopulver
50 g gemahlene Mandeln
½ TL feines Himalajasalz
1 TL gemahlener Zimt
½ TL gemahlener Ingwer
½ TL gemahlener Kardamom
1 Prise gemahlene Gewürznelken
260 g Ahornsirup oder Kokosblütensirup
75 g Kokosöl, geschmolzen
Mark von 1 Vanilleschote

Den Backofen auf 120 °C (Umluft) vorheizen. Zwei Backbleche mit Backpapier belegen. Kokosraspel, Chiasamen, Kakaopulver, gemahlene Mandeln, Salz, Gewürze und 75 ml Wasser in einer Schüssel gründlich verrühren. Sirup, Kokosöl und Vanillemark untermischen, die Schüssel mit Frischhaltefolie abdecken und die Masse 30 Minuten im Kühlschrank durchziehen lassen.

Sobald die Chiasamen aufgequollen sind und die Masse gut zusammenhält, daraus Bällchen formen und sie auf die Bleche setzen (oder zum Formen einen Eisportionierer verwenden). Es ist nicht nötig, dabei viel Abstand einzuhalten, denn die Masse läuft beim Backen nicht auseinander. Die Plätzchen mit einer Gabel flach drücken, sodass sie ein Rillenmuster bekommen.

Die Cookies im vorgeheizten Ofen 50–60 Minuten backen, bis sie an den Rändern knusprig sind, in der Mitte aber noch weich. Herausnehmen und auf den Blechen abkühlen lassen. In einem luftdichten Behälter können sie 2 Wochen aufbewahrt werden.

Reinigen

In diesem Kapitel dreht sich alles um das letzte, das Kronenchakra. Es hilft uns, unsere wahre Natur zu begreifen, die rein, schlicht und von Bewusstheit geleitet ist.

In puncto Nährstoffbedarf ist das Gehirn das anspruchsvollste Organ des Menschen, und weil es zum Überleben unabdingbar ist, nimmt es sich die Nährstoffe, bevor alle anderen an die Reihe kommen. Ist es gut versorgt, dann blüht auch der Rest des Körpers auf. Es ist daher enorm sinnvoll, dem Gehirn genau das zu geben, was es braucht, weil davon die gesamte Gesundheit profitiert. Dafür sollte die Ernährung reich sein an Nüssen, Samen und kalt gepressten Ölen sowie grünem Blattgemüse, denn so nehmen wir sowohl Omega-3- als auch Omega-6-Fettsäuren auf. Die folgenden Rezepte enthalten genau solche Lebensmittel, zum Beispiel Hanf, Chia- und Leinsamen und die besten Pflanzenöle, die alle die Hirnfunktion unterstützen und zudem eine Detox-Wirkung für dieses wichtigste aller Organe haben.

Im Kronenchakra finden wir Zugang zu unserer universellen Identität, zur Allverbundenheit mit dem Kosmos und zu unserer Seele. Auf der Suche nach Reinheit entdecken wir Sauerstoff und Sonnenlicht als Seelennahrung. Diese Erkenntnis führt uns zu Biolebensmitteln und einer ökologischeren, naturverbundenen Lebensweise. Fasten und Detox-Tage werden zur regelmäßigen reinigenden Praxis. Die Rezepte in diesem Kapitel helfen dabei, sich rein und pur zu fühlen.

SONNIGER FRÜH-STÜCKSSALAT

ⓥ FÜR 2–4 PERSONEN

Farbenfroh und puristisch: Dieser Salat hebt nicht nur gleich morgens die Stimmung, sondern regt auch Leber und Verdauung an. Dafür sorgen die frischen Bitternoten von Pomelo und Grapefruit in Kombination mit den ätherischen Ölen von Fenchel, Minze und Basilikum. Ein wunderbares Rezept, um gleich morgens den Körper zu reinigen.

2 Pink Grapefruits
2 Pomelos (ersatzweise große gelbe
    Grapefruits)
2 Blutorangen
3 Clementinen, geschält
Kerne von ½ Granatapfel
abgeriebene Schale und Saft von
    ½ Bio-Limette
3 Stängel Minze, Blätter abgezupft
3 Stängel Basilikum, Blätter abgezupft
2 Stängel Fenchelgrün, ohne den
    Stängel sehr fein gehackt

Zunächst die Grapefruits, Pomelos, Blutorangen und Clementinen filetieren. Dafür mit einem scharfen Messer (am besten mit Wellenschliff) oben und unten je einen Deckel abschneiden, die Früchte schälen, dann das Weiße und die äußere Fruchthaut abschneiden. Anschließend die Fruchtsegmente aus den Trennhäuten herausschneiden. Dabei alle Kerne entfernen und den Saft in einer Schüssel auffangen. Die Trennhäute über der Schüssel ausdrücken und die Fruchtsegmente hineingeben.

Granatapfelkerne, Limettenschale und -saft, Minze, Basilikum und Fenchelgrün zu den übrigen Früchten geben, alles gut vermischen und servieren.

WIRSING-CHIPS MIT ZA'ATAR

FÜR 2 PERSONEN ALS SNACK

Chips erleben gerade eine spannende Renaissance, denn gesundheitsbewusste Knabberkramfans haben das Prinzip der knusprigen Kartoffelscheiben auf alle möglichen Gemüsesorten übertragen, von Pastinaken bis Grünkohl. Ich widme mich hier allerdings einem anderen Mitglied der Kohlfamilie: dem Wirsing. Mit seinen stark strukturierten Blättern wird er beim Backen besonders knusprig. Falls Sie die Chips nicht mit Za'atar würzen möchten, können Sie auch einfach etwas Paprikapulver oder Sumach und getrockneten Oregano verwenden.

4–5 äußere Blätter eines Wirsingkopfs
1 EL Olivenöl
1½ EL Za'atar (orientalische
    Gewürzmischung, s. S. 76)
½ TL Himalajasalz

Den Backofen auf 200 °C (Umluft) vorheizen. Zwei Backbleche mit Backpapier belegen. Die dicke Mittelrippe aus den Wirsingblättern herausschneiden und die Blätter in mundgerechte Stücke zupfen (etwa 5 cm groß). Die Stücke in einem Sieb waschen, abtropfen lassen und in der Salatschleuder oder einem sauberen Küchentuch trocknen.

Die trockenen Wirsingstücke in einer Schüssel mit Olivenöl, Za'atar und Salz gründlich vermischen, sodass die gesamte Oberfläche gleichmäßig mit Öl benetzt ist. Den Wirsing auf den Blechen verteilen und im Backofen 10–15 Minuten backen, dabei regelmäßig nachsehen, ob er gleichmäßig bräunt, und die Stücke wenden. Chips, die zu schnell braun werden, früher aus dem Ofen nehmen.

Alle Chips herausnehmen und abkühlen lassen. Die fertigen Chips sofort servieren oder in einem luftdichten Behälter aufbewahren.

POMELO-SALAT MIT GEWÜRZEN

 FÜR 4 PERSONEN

Für die Marinade

50 ml Mirin (süßer jap. Reiswein)
50 ml Orangensaft
1 EL Orangenblütenwasser
1 Kardamomkapsel
1 Sternanis
1 Zimtstange
1 Stück Ingwer (2 cm), geschält,
    in dünnen Scheiben
½ TL grüne Thai-Currypaste (vegane
    Sorte ohne Garnelenpaste; nach
    Belieben)

Für den Salat

1 große Pomelo (etwa 350 g; ersatzweise
    1 große Grapefruit), geschält
100 g Zuckerschoten, in feinen Streifen
½ rote Paprikaschote, entkernt, in feinen
    Streifen
100 g Edamame (junge Sojabohnen; TK);
    kurz blanchiert
4 Frühlingszwiebeln, geputzt, schräg in
    Ringe geschnitten
100 g Mungo- oder Sojabohnensprossen
1 Handvoll Koriandergrün, Blätter
    abgezupft
1 Handvoll Minzeblätter, grob gehackt
Saft von 2 Limetten

Außerdem

2 EL Kokos-Chips, geröstet
2 EL rohe Cashewkerne, geröstet
Limettenspalten zum Garnieren
½ TL Chiliflocken zum Garnieren

Für die Marinade Mirin und Orangensaft in einem kleinen Topf bei schwacher Hitze erwärmen. Den Topf vom Herd nehmen und alle übrigen Zutaten für die Marinade zufügen. Alles gut verrühren und zum Durchziehen beiseitestellen.

Die Pomelo halbieren und in die einzelnen Segmente teilen. Jedes Segment von den Häuten befreien, dabei über einer großen Schüssel arbeiten, um den Saft aufzufangen. Das Fruchtfleisch in mundgerechte Stücke teilen und in die Schüssel geben. Die Marinade darübergießen und die Pomelo 20–30 Minuten durchziehen lassen – je länger, desto besser und intensiver wird der Salat.

Danach Kardamomkapsel, Sternanis und Zimtstange entfernen. Alle anderen Zutaten für den Salat zu dem Pomelofruchtfleisch geben und alles gut mischen. Den Salat auf einer Platte anrichten oder auf Teller verteilen, mit Kokos-Chips und Cashewkernen bestreuen und mit Limettenspalten und Chiliflocken garnieren.

ROTE-BETE-CARPACCIO MIT GRAPE-FRUIT UND ZIEGENKÄSE

FÜR 4 PERSONEN

2 EL Leinöl
2 EL Za'atar (orientalische Gewürzmischung, s. S. 76)
1 große Rote Bete, geschält, in sehr
   feinen Scheiben (am besten auf der
   Mandoline gehobelt)
1 große Gelbe Bete, geschält, in sehr
   feinen Scheiben (am besten auf der
   Mandoline gehobelt)
1 Pink Grapefruit, geschält, in dünnen
   Scheiben
4 Scheiben Ziegenweichkäse
   (Ziegenrolle), gekühlt
12 entsteinte Kalamata-Oliven
4 Radieschen, halbiert
einige Blätter Rucola
1 EL Balsamico-Creme
Meersalz und grob gemahlener
   schwarzer Pfeffer
roter Babymangold oder -spinat
   (nach Belieben)

Mithilfe eines Backpinsels vier Teller mit je ½ EL Leinöl bepinseln. Etwas Za'atar darüberstreuen, dann abwechselnd überlappend die Rote- und Gelbe-Bete-Scheiben sowie die Grapefruit darauf anordnen.

Auf jedes Carpaccio 1 Scheibe Ziegenkäse legen und Oliven, Radieschen und Rucola darauf verteilen. Die Zutaten mit etwas Salz und Pfeffer bestreuen, die Teller mit Balsamico-Creme garnieren und die Mangold- oder Spinatblättchen (falls verwendet) darüberstreuen. Das Carpaccio sofort servieren.

RÖST-FENCHEL-SALAT MIT KURKUMA-WALNÜSSEN

FÜR 2–4 PERSONEN

Fenchel gehört zu meinen absoluten Lieblingsgemüsesorten. Ich liebe ihn zum einen, weil er die Verdauung fördert, aber auch wegen seines charakteristischen Anisgeschmacks. Beim Backen wird dieser etwas abgemildert, weil er sich mit den wunderbar weichen, warmen Röstaromen mischt – in Kombination mit Kurkuma und Zitrone einfach unglaublich gut! Die Kurkuma-Walnüsse eignen sich übrigens auch hervorragend als Snack oder als knuspriges Topping für andere Salate.

Für die Walnüsse
50 g Honig
1 Prise Chiliflocken
½ TL gemahlene Kurkuma
¼ TL Meersalz
100 g Walnusskerne

Für den Salat
2 Bio-Zitronen, ungeschält längs halbiert, quer in 2 mm dünne Scheiben geschnitten, Kerne entfernt
4 Fenchelknollen, Stängel entfernt, Knollen längs in Spalten geschnitten
1 EL Kokosöl, geschmolzen
Meersalz
50 g zarte Erbsenblätter (ersatzweise Pflücksalat nach Wahl)
1 Handvoll Estragonblätter, grob gehackt

Den Backofen auf 170 °C (Umluft) vorheizen. Ein Backblech mit Backpapier belegen.

Für die Walnüsse Honig, Chiliflocken, Kurkuma und Meersalz in einer kleinen Schüssel verquirlen, dabei so viel Wasser dazugeben, dass eine dicke Creme entsteht. Die Walnüsse zugeben und gut unterrühren, dann nebeneinander auf das Blech legen und im vorgeheizten Ofen 15–20 Minuten backen. Sie sollen knusprig, aber immer noch ein bisschen klebrig sein. Herausnehmen und beiseitestellen.

Die Ofentemperatur auf 200 °C (Umluft) heraufschalten. Zwei Backbleche mit frischem Backpapier belegen.

In einem kleinen Topf reichlich Wasser aufkochen, die Zitronenscheiben zufügen und 2 Minuten köcheln lassen. Abgießen und abtropfen lassen. Die Zitronenscheiben mit den Fenchelspalten in eine Schüssel geben und mit 1 EL Kokosöl und etwas Salz gründlich vermischen.

Fenchel und Zitronen auf den Backblechen verteilen und im Ofen 20–25 Minuten backen, bis die Zitronenscheiben etwas trockener geworden sind und der Fenchel gar ist. Falls nötig, den Fenchel schon herausnehmen und die Zitronen noch eine Weile weiterbacken.

Fenchel und Zitronen abkühlen lassen und danach in einer Schüssel mit Erbsenblättern und Estragon mischen. Auf Tellern anrichten und zum Servieren die Kurkuma-Walnüsse darüberstreuen.

GENESUNGS-TEE

Ⓥ ERGIBT 1 L

Wenn Sie kränkeln, dann tut dieser Tee gut. Trinken Sie davon 2 Liter am Tag. Lassen Sie sich dafür am besten Schafgarbe, Holunderblüten und Pfefferminze in der Apotheke mischen, denn die Kombination dieser drei Pflanzen ergibt ein wirkungsvolles Heilmittel.

1 Stück Ingwer (2 cm), geschält,
    in dünnen Scheiben
1 Stück Kurkuma (2 cm), geschält,
    in dünnen Scheiben (ersatzweise
      1 TL gemahlene Kurkuma)
1 TL Korianderkörner
1 TL Kreuzkümmelsamen
1 TL Fenchelsamen
2 Kardamomkapseln
1 gehäufter EL Kräuterteemischung
    aus Schafgarbe, Holunderblüten,
    Pfefferminze (ersatzweise
    Pfefferminz- oder Grüntee)
½ Bio-Zitrone, in Scheiben
1 TL Manukahonig

Alle Zutaten in einen Teefilter geben, in einer Teekanne mit 1 l kochendem Wasser übergießen und 15 Minuten ziehen lassen. Alternativ die Zutaten mit dem Wasser in einem Topf zugedeckt bei schwacher Hitze 15 Minuten köcheln lassen und abseihen. Die Teemischung kann gut noch ein zweites Mal aufgegossen werden.

ALOE-GRAPEFRUIT-INGWER-ELIXIER

Ⓥ FÜR 2 KLEINE GLÄSER

Täglich ein Gläschen von diesem Elixier, und Sie brauchen nie wieder Kaffee! Denn diese Mischung weckt Körper und Sinne auf. Aloe vera ist das reinste Detox-Programm und regt die Verdauung an, während Ingwer ausgleichend auf den Hormonhaushalt und entzündungshemmend wirkt. Die Bitterstoffe der Grapefruit beleben und bereiten die Leber auf die Aufgaben des Tages vor.

½–1 Pink Grapefruit, geschält
1 Stück Ingwer (2 cm)
30 ml Aloe-vera-Saft

Grapefruit und Ingwer in den Entsafter geben. Die Aloe vera in den Saft einrühren und die Mischung auf zwei kleine Gläser verteilen.

BEAUTY-SMOOTHIE

Ⓥ FÜR 2 PERSONEN

Falls Sie auf der Suche nach einem täglichen Schönheitstrunk sind, der die Haut strafft und für Feuchtigkeit sorgt, dann haben Sie ihn jetzt gefunden! Kokoswasser ist ein wunderbarer Feuchtigkeitsspender, und die essenziellen Fettsäuren von Avocado und Hanföl sorgen für weiche Haut und dieses gewisse Leuchten von innen heraus.

¼ Ananas, geschält
1 reife Avocado, halbiert, entsteint
    und geschält
1 EL kalt gepresstes Hanföl
Saft von 1 Limette
500 ml Kokoswasser

Alle Zutaten im Mixer 2–3 Minuten pürieren und den Smoothie auf zwei Gläser verteilen.

Von oben nach unten: Beauty-Smoothie, Aloe-Grapefruit-Ingwer-Elixier, Zutaten für den Genesungstee

ROHE KARAMELL-SCHNITTEN MIT BLÜTEN-POLLEN

FÜR 10 STÜCK

In diesem Rezept verwende ich Lecithin, um das »Karamell« anzudicken. Um es im Küchenfachchinesisch auszudrücken: Lecithin ist ein Lipid, das teilweise wasserlöslich ist und deshalb als Emulgator dienen kann, also als Bindemittel für Zutaten, die sich normalerweise nicht mischen. Zu kaufen gibt es Soja- und Sonnenblumenlecithin, aber ich empfehle, von der Sojavariante die Finger zu lassen, denn sie wird in einem aufwendigen chemischen Prozess aus häufig gentechnisch verändertem Soja hergestellt. Lecithin aus Sonnenblumenkernen gibt es dagegen sogar in Bio-Qualität!

Für den Boden
120 g rohe Haselnüsse (oder andere
    Nüsse nach Belieben)
25 g Kokosraspel
6 Datteln, entsteint
60 g Kokosöl, geschmolzen, plus
    etwas Kokosöl für die Form

Für die »Karamell«-Schicht
16 Datteln, entsteint
50 g Gewürzmandelmus (s. S. 19)
2 EL Ahornsirup
2 EL Tahin (Sesammus)
Mark von 1 Vanilleschote
1 TL gemahlener Kardamom
1 Prise Meersalzflocken
2 EL Sonnenblumenlecithin

Für das Topping
20 g rohes Kakaopulver
50 g Kokosöl, geschmolzen
120 g Reismalzsirup
3 EL Blütenpollen

Für den Boden Nüsse, Kokosraspel, Datteln und Kokosöl in der Küchenmaschine oder im Mixer 1–2 Minuten mixen, bis die Mischung bröselig wird. Eine quadratische Backform (20 × 20 cm) fetten und mit Backpapier auslegen. Die Masse hineingeben und gut festdrücken, dann 2–3 Stunden im Kühlschrank fest werden lassen.

Für das »Karamell« Datteln, Mandelmus, Ahornsirup, Tahin, Vanillemark, Kardamom und Salz in der Küchenmaschine oder im Mixer in 1–2 Minuten glatt pürieren. Das Sonnenblumenlecithin zufügen und weitermixen, bis sich alles gut zu einer dicklichen Masse verbunden hat. Das Ganze auf den Boden streichen und die Form wieder in den Kühlschrank stellen.

Für das Topping in einem Topf etwas Wasser aufkochen. Eine hitzefeste Schüssel oder einen kleinen Topf so daraufsetzen, dass der Boden das Wasser nicht berührt. Kakao, Kokosöl und Reismalzsirup hineingeben und alles unter Rühren warm werden lassen, bis eine glatte Masse entstanden ist. Die Pollen daraufstreuen, vorsichtig untermischen und das Topping auf die Karamellschicht streichen. Abkühlen lassen, dann mindestens 2 Stunden kalt stellen, bis es fest geworden ist. Den Kuchen zum Servieren in Rechtecke schneiden. Die Schnitten in einem luftdichten Behälter im Kühlschrank aufbewahren.

PASSIONS-FRUCHT-MINZ-EIS AM STIEL

V FÜR 6 PERSONEN

5 Passionsfrüchte, Fruchtfleisch ausgelöst

2 Stängel Minze, Blätter abgezupft

200 g Ananas, geschält und grob gehackt

200 ml Kokosmilch (eine vollfette, keine fettreduzierte Sorte)

Das Passionsfruchtfleisch in eine kleine Schüssel geben und mit einer Gabel durchrühren, um die Kernchen zu trennen.

Alle übrigen Zutaten in einen möglichst leistungsstarken Mixer geben und glatt pürieren (in einem normalen Mixer dauert das rund 1 Minute oder sogar länger).

In sechs Förmchen für Eis am Stiel jeweils etwas Passionsfrucht geben, dann ein bisschen Ananasmischung daraufgießen. Auf diese Weise die Förmchen immer abwechselnd mit Passionsfrucht und Ananasmasse füllen, dabei die Formen nicht randvoll füllen, denn die Masse dehnt sich beim Gefrieren aus. Zum Schluss alles mit einem Holzstäbchen kurz durchrühren, die Förmchen verschließen und im Tiefkühlgerät gefrieren lassen.

Zum Servieren die Förmchen kurz unter warmes Wasser halten, bis sich das Eis am Stiel herauslösen lässt.

DIE ESSBARE HAUS-APOTHEKE

BUCHWEIZEN

Trotz seines Namens ist der Buchweizen mit dem Weizen nicht verwandt, sondern gehört zu den Pseudogetreiden. Seine dreieckigen Samen sind glutenfrei, preiswert und vielseitig. Das grob zerkleinerte Korn (Buchweizengrütze, manchmal auch als »Kascha« bezeichnet) eignet sich für Porridge oder Granola (Knuspermüsli), aber schmeckt auch als Risotto oder in Salaten. Das Mehl kann in der glutenfreien Backstube eingesetzt werden, und die ganzen gerösteten Körner verleihen so manchem Gericht Crunch. Buchweizen schmeckt mild-nussig, enthält viel Eiweiß, Mangan und Kupfer und hilft dabei, den Blutzuckerspiegel zu stabilisieren – ein Pluspunkt nicht nur für Diabetiker.

HIRSE

Auch Hirse ist glutenfrei. Gekocht wird sie schön weich und locker wie Reis. Die Körner liefern komplexe Kohlenhydrate und wirken dadurch positiv auf die Darmflora. Die in der Hirse enthaltenen Mineralstoffe wie Silicium, Eisen und Magnesium sind wichtig für Knochen, Gelenke, Haut und Haare. Außerdem unterstützt Hirse den Körper bei der Produktion von Serotonin, einem Hormon, dass die Stimmung hebt.

HAFERFLOCKEN

Für den typisch nussigen Geschmack von Hafer ist teilweise die Herstellung verantwortlich, denn die Körner werden nach der Ernte gedarrt. Erst dann werden sie entspelzt, aber Keimling und Samenschale bleiben erhalten – und damit auch die Ballast- und Nährstoffe. Hafer enthält Avenin, ein Eiweiß, das dem Gluten ähnelt, aber selbst von Menschen mit Zöliakie in der Regel vertragen wird. Durch den hohen Gehalt an Ballaststoffen bindet Hafer Cholesterin, das sonst in die Blutbahn geraten würde. So können Haferflocken das Herz schützen.

QUINOA

Die Andenkörnchen, die es in weiß, schwarz und rot gibt, sind glutenfrei und enthalten Eisen, B-Vitamine, Magnesium, Phosphor, Kalium, Kalzium, Vitamin E und Ballaststoffe. Quinoa gehört außerdem zu den wenigen pflanzlichen Lebensmitteln, die alle neun essenziellen Aminosäuren enthalten, weshalb die Körner eine sehr hochwertige Eiweißquelle darstellen. Inzwischen gibt es sie nicht nur als ganze Körner, sondern auch gepufft, als Flocken oder als Mehl. So bietet Quinoa enorme Einsatzmöglichkeiten: im Granola (Knuspermüsli), als Risotto, Porridge, in Aufläufen, Salaten oder als Beilage. Spülen Sie Quinoa vor dem Garen immer heiß ab, denn die Körner sind von Saponinen überzogen, die bitter schmecken und den Darm reizen können.

KICHERERBSEN

Ihr nussiger Geschmack spricht ebenso für diese Hülsenfrüchte wie ihr fester Biss und ihre gleichzeitig buttrig-mehlige Konsistenz. Das macht sie vielseitig einsetzbar. Mit ihrem hohen Ballaststoff- und Proteingehalt sind sie enorm gesund, und das in ihnen reichlich enthaltene Eisen sorgt für Schwung. Damit nicht genug: Die kleinen Nährstoffbomben enthalten weitere Mineralstoffe wie Folsäure, Kupfer und Zink und sind reich an B-Vitaminen. Kichererbsenmehl wird auch unter dem Namen Gram oder Besan verkauft. Es eignet sich für Fladen und Cracker.

NATIVES KOKOSÖL

Kokosöl ist eine der besten natürlichen Quellen für mittelkettige Fettsäuren. Im Gegensatz dazu können die langkettigen Fettsäuren, die in den meisten anderen Pflanzenölen enthalten sind, im Verdauungstrakt nur schwer in kürzere Moleküle aufgespalten werden, sodass der Körper sie meist in den Fettdepots einlagert. Mittelkettige Fettsäuren dagegen sind leichter verdaulich und stehen der Leber direkt als Energie zur Verfügung – genau wie Kohlenhydrate, nur dass die Fettsäuren keine Insulinausschüttung auslösen. Kokosöl regt daher den Stoffwechsel an und hilft dem Körper, seine Energie aus Fett zu beziehen. Weil es hauptsächlich gesättigte Fettsäuren enthält, entsteht außerdem beim Erhitzen kein Gebräu aus freien Radikalen, wie es bei anderen Ölen der Fall ist. Im Gegenteil: Kokosöl ist enorm hitzestabil und daher mein Lieblingsfett zum Dünsten und Anbraten. Achten Sie darauf, natives, also kalt gepresstes Kokosöl zu kaufen.

Im Gegensatz zu künstlich gehärteten Fetten enthält Kokosöl von Natur aus gesättigte Fettsäuren, vor allem Laurinsäure, die etwa 50 % des Fettgehalts ausmacht. Sie gilt mit ihren antiviralen und antibakteriellen Eigenschaften als wahres Gesundwunder und soll sogar den schädlichen Effekt umkehren können, den die Fette aus industriellen Lebensmitteln auf die Blutviskosität haben.

OLIVENÖL EXTRA VERGINE

Olivenöl enthält reichlich einfach ungesättigte Fettsäuren, die den Gehalt an schädlichem Cholesterin im Blut senken, weil sie die Aufnahme des Cholesterins aus der Nahrung blockieren. Es verbessert erwiesenermaßen die Funktion des Herz-Kreislauf-Systems und unterstützt die Verdauung, indem es Leber und Galle anregt, die Gallensäfte fließen lässt und die Enzymproduktion in der Bauchspeicheldrüse auf Touren bringt. Außerdem hat es antioxidative und entzündungshemmende Eigenschaften und verhindert den Abbau essenzieller Fettsäuren. Auch für die gesamte Hirnfunktion ist natives Olivenöl wichtig, vor allem aber wirkt es positiv auf das Sehzentrum. Beim Kochen sollte es allerdings höchstens auf 130 °C erhitzt werden. Achten Sie beim Einkaufen darauf, nur natives Olivenöl extra (extra vergine/extra virgen) zu wählen.

LEINÖL UND LEINSAMEN

Obwohl Leinöl alle möglichen gesunden Inhaltsstoffe besitzt, verdankt es seinen Ruf als gesundes Lebensmittel hauptsächlich seinem hohen Gehalt an Omega-3-Fettsäuren. Ein einziger Esslöffel enthält etwa 1,8 g davon. Darüber hinaus liefert Leinöl Lignane. Sie gehören zu den sogenannten Phytoöstrogenen, die eine übermäßige Östrogenproduktion hemmen, und außerdem antioxidative Eigenschaften haben. Damit das Öl seine gesunden Wirkstoffe behält, sollte es nur kalt verwendet werden. Die Leinsamen, aus denen es gewonnen wird, sind reich an Ballaststoffen. Ganze Leinsamen können vom Körper nicht aufgeschlossen werden. Ich verwende sie daher immer gemahlen. Da sie im Kontakt mit Wasser sehr stark quellen und dabei einen festen Schleim produzieren, eignen sie sich gut als Bindemittel.

HANFÖL UND HANFSAMEN

Hanf punktet nicht nur mit nussigem Geschmack, sondern auch mit seinem hohen Gehalt an Omega-3- und -6-Fettsäuren, Eiweiß und Kohlenhydraten. Außerdem enthält es die in Ölen selten vorkommende, wertvolle Gamma-Linolen-Säure.

INGWER

Ingwer bringt nicht nur feurige Frische in die Küche, sondern stärkt auch das Immunsystem und hilft, Erkältungen und Grippe schnell loszuwerden. Mit seinen entzündungshemmenden, antiviralen und antibakteriellen Eigenschaften lindert er Kopfschmerzen, Müdigkeit, Magenverstimmungen und Verdauungsbeschwerden. Auch bei Übelkeit und Reisekrankheit tut er gut, weil er den Brechreiz unterdrückt. Darüber hinaus sorgt er für einen ausgeglichenen Hormonhaushalt. Ingwer kann frisch eingesetzt werden, aber auch als Saft oder in Pulverform.

SALBEI

Das beruhigende Kraut unterstützt die Magenfunktion – von mir besonders gerne in Kombination mit Ofengemüse wie beispielsweise Kürbis oder Süßkartoffel eingesetzt. Schon lange für seine antiseptischen und krampflösenden Eigenschaften geschätzt, kommt er vor allem zur Behandlung von Halsschmerzen, schmerzhaften Entzündungen der Mundschleimhaut (Aphthen) und Schnupfen zum Einsatz. Wann immer ich gegen einen entzündeten Rachen etwas zum Gurgeln brauche, greife ich als Erstes zu Salbei.

ZWIEBELN

Zwiebeln können sowohl roh als auch gegart verwendet werden. In jedem Fall tun sie dem Körper gut, denn sie besitzen entzündungshemmende, antibiotische und antivirale Inhaltsstoffe. Besonders bei Erkältungen erweist sich ihre schleimlösende Wirkung als nützlich. Außerdem regen sie die Durchblutung an, was den Körper wärmt und dabei hilft, den Schleim abzutransportieren. Mit ihrem hohen Schwefelgehalt unterstützen sie Entgiftungsprozesse, vor allem die Ausscheidung von Schwermetallen.

ZUCKERROHRMELASSE

Dieser dickflüssige, dunkelbraune Sirup entsteht beim Raffinadeprozess zur Herstellung von weißem Rohrzucker als Nebenprodukt. Wegen seines intensiven, leicht bitteren Aromas verwende ich ihn gerne zum Süßen. Reine Zuckerrohrmelasse enthält eine hohe Konzentration an Mineralstoffen, besonders ihr hoher Eisen-, Magnesium- und Kaliumgehalt ist hervorzuheben.

KAKAO

Kakao ist inzwischen nicht mehr nur als Kakaopulver erhältlich, sondern auch in Form von Kakaobutter, ganzen Bohnen und Kakao-Nibs. Den vollen Gesundheitseffekt hat er allerdings nur in roher Form. Dann steckt er voller Magnesium und Antioxidantien. Alle Kakaoprodukte stammen von den Samen (Bohnen genannt) der Kakaofrucht. Gehackt werden daraus Kakao-Nibs, gemahlen Kakaopaste. Wird das Fett von den anderen Bestandteilen getrennt, erhält man Kakaobutter und Kakaopulver. Alle Kakaoprodukte wirken anregend und beruhigend zugleich.

BLÜTENPOLLEN

Blütenpollen sind zwar ein rohes Lebensmittel, aber nicht vegan, weil sie von Bienen gesammelt werden. Gesund sind sie allemal: Sie fördern Durchhaltevermögen und Vitalität, helfen bei der Behandlung von Allergien, stärken das Immunsystem und verlangsamen Alterungsprozesse. Da sie eine Vielzahl von Nährstoffen enthalten, gelten sie als eines der ausgewogensten Lebensmittel überhaupt.

CHIASAMEN

Winzig, aber wirkungsvoll: Ich bin so froh, dass man Chiasamen inzwischen überall bekommt! Sie enthalten neben Omega-3-Fettsäuren, Ballaststoffen, Kalzium und Antioxidantien auch alle essenziellen Aminosäuren und sind daher eine hervorragende Proteinquelle. Sie binden Flüssigkeit und können daher in manchen Backrezepten das Ei ersetzen.

REGISTER

DANKSAGUNG

Es hat viele Jahre gedauert, bis der Traum von diesem Buch Wirklichkeit geworden ist. Ich bin allen, die mir auf diesem Weg geholfen haben, so unendlich dankbar, dass ich hoffe, dafür die passenden Worte zu finden. Die Idee zu meinem eigenen Buch kam mir 2009, als ich in einem kleinen Häuschen in der Toskana lebte. Die Steinwände meiner Unterkunft und der Blick über Olivenhaine und Weinberge erfüllten mich mit der Zuversicht, dass das Leben wunderbar sein kann, solange ich von Liebe und Natur umgeben bin. 2008 hatte ich die Entscheidung getroffen, meine Freiheit zu nutzen und auf die Suche nach meinen Wurzeln zu gehen. Dies führte mich weit weg von meiner Familie und allen, die ich liebe. Noch immer ist es schwer für mich, ohne sie auf der anderen Seite der Welt zu leben. Ich widme ihnen deshalb dieses Buch, weil sie mich meine Flügel entfalten ließen und in die unbekannte Ferne haben reisen lassen, mich aber trotzdem mit ihrer Liebe begleitet haben.

Ich danke außerdem: Tom, meinem Ein und Alles. Du warst und bist in vielerlei Hinsicht heilsam für mich. Du umgibst und inspirierst mich mit so viel Liebe, und ich bin jeden Tag dankbar dafür, eine so treue und wahrhaftige Seele an meiner Seite zu haben.

Nonna, seit du von uns gegangen bist, habe ich deine Nähe in den schwierigsten und schönsten Momenten meines Lebens gespürt. Ohne dich hätte ich das hier niemals erreicht. Du hast den Keim für dieses Buch in mir angelegt, und ich hoffe, es wird ein Teil deines Nachlasses hier auf Erden.

Heather Holden-Brown (und unbeabsichtigterweise auch Kate Pumphrey): Danke für Rat und Unterstützung. Nur durch deine Bemühungen ist dieser Traum Wirklichkeit geworden.

Ein Dank geht an meine Redakteurin Romilly. Ich wusste schon bei der ersten Begegnung, dass du mir mit deiner kreativen Energie und deiner Vorstellungskraft helfen würdest, dieses Buch zu veröffentlichen. Dank dieser Zuversicht und dieses Vertrauens ist nun etwas entstanden, auf das ich wirklich stolz bin.

Danke auch an Helen, Sarah, Katherine, Nikki und all die anderen bei Quadrille für eure engagierte Arbeit!

An die hervorragende Fotografin Lisa Cohen und die Foodstylistin Deborah Kaloper: Ich bin euch wirklich dankbar für eure Kreativität, eure inspirierte Arbeit und euer Können! Es hat Spaß gemacht, dieses Kochbuch mit euch zu verwirklichen.

Ein dickes Dankeschön geht an meine wunderschöne Mum, die mir während des Fotoshootings geholfen hat, sämtliche Rezepte zuzubereiten. Ich bin so stolz auf dich und auf alles, was du in deinem Leben erreicht hast! Wie wunderbar, dass du mich in meinem begleitest.

Verity und Simon haben mich um den halben Erdball geflogen, damit ich Teil ihrer wunderbaren Familie sein kann. Sam danke ich für das Geschenk seines Sohnes und für dessen bedingungslose Liebe.

Darren Seymour-Russell und Wendy Chant danke ich für die Gelegenheit, meine Gerichte zum allerersten Mal öffentlich anzubieten, und für das Vertrauen und die Hoffnung, die sie in mich gesetzt haben.

Aber vor allem widme ich dieses Buch **Ihnen allen,** meinen Leserinnen und Lesern! Es soll Ihnen dabei helfen, aus Ihrem Körper einen gesunden Tempel zu machen, durch den Sie Erfahrungen im Leben sammeln können. Ihr Körper ist das wertvollste Geschenk, das Sie bekommen haben. Schätzen Sie es und sorgen Sie gut für ihn. Wenn es mir gelungen ist, dass Sie eine bessere Verbindung zu Ihrem Körper herstellen konnten, dann habe ich meine Aufgabe als Naturheilkundlerin und Lehrerin erfüllt. In aller Demut wünsche ich Ihnen Gesundheit und Glück auf Ihrer persönlichen Reise.

Für die deutsche Ausgabe:
Programmleitung Monika Schlitzer
Redaktionsleitung Caren Hummel
Projektbetreuung Melanie Haizmann
Herstellungsleitung Dorothee Whittaker
Herstellungskoordination Arnika Marx
Herstellung und Covergestaltung Sabine Hüttenkofer

Titel der englischen Originalausgabe:
The Yoga Kitchen

Die Originalausgabe erschien 2016 in Großbritannien
bei Quadrille Publishing, einem Imprint von
Hardie Grant Ltd.

Copyright © Kimberly Parsons, 2016

Programmleitung Sarah Lavelle
Creative Director Helen Lewis
Redaktion Romilly Morgan
Design Nicola Ellis, Katherine Keeble
Fotographie Lisa Cohen
Foodstyling und Styling Deborah Kaloper
Herstellung Emily Noto, Vincent Smith

Bildnachweis:
S. 6: Ali Allen
S. 16-17, 44-45, 94-95, 118-119: Schutterstock
S. 68-69, 142-143: Getty
S. 166-176: Flowcrete
Coverbild: 123RF.com: Liudmila Horvath l,
istanbul2009 r
Der Verlag dankt Magic Carpet Yoga Mats
(magiccarpetym.com) für die Yogamatte auf S. 6.

The author has asserted her moral rights.

Übersetzung Sabine Schlimm
Lektorat Claudia Boss-Teichmann
Druck und Bindung Toppan Leefung

ISBN 978-3-8310-3302-7

Besuchen Sie uns im Internet
www.dorlingkindersley.de

Hinweis
Die Informationen und Ratschläge in diesem Buch sind sorgfältig
erwogen und geprüft, dennoch kann eine Garantie nicht übernom-
men werden. Eine Haftung der Autoren bzw. des Verlags und seiner
Beauftragten für Personen-, Sach- und Vermögensschäden
ist ausgeschlossen.

Noch mehr Inspirationen bei DK

978-3-8310-2372-1
19,95 € / 20,60 € (A)

978-3-8310-3192-4
16,95 € / 17, 50 € (A)

978-3-8310-3044-6
12,95 € / 13,40 € (A)